JN439385

012

길, 거제도로 가다

서한숙 · 김현길 · 김정순
김용호 · 김영미 지음

도서출판 경남

차 례

서한숙

1961년 진주 출생. 합포의얼전국 백일장 입상(1991), 《한국수필》(2002)로 등단. 부산대학교 국어국문학과 박사과정 수료. 거제예총 공로상(2008), 한국문인협회 공로상(2013) 수상. 경남문인협회, 동랑·청마기념사업회 이사. 《거제문학》·《거제예술》 편집장, 거제문인협회 부회장

E 0727shs@hanmail.net
H 010.3857.1411

길, 거제도로 가다

누가 거제도를 섬이라고 했던가. 외따로운 섬(島), 유배지로서의 이미지는 이젠 아득한 옛이야기로 돌려야 한다. 섬이라고 하기엔 거제사람들의 생활상이 고립되지 않고 사뭇 역동적이다. 이는 한가로이 떠도는 섬이 아니라 제 스스로 길이 되어 움직이는 까닭이다.

인근 통영시를 잇는 거제대교가 생긴 지도 어언 40년 세월이니, 그리 놀랄 일만은 아니다. 여기저기 연결된 다리가 길이 되어 움직이면서 전국이 하루 생활권으로 변한 지도 오래이다. 이른바 하늘, 땅, 바닷길 모두 열려 있는 거제도가 사통팔달 열린 도시로 부상하고 있다. 세계적인 조선해양 · 관광도시로서의 자세를 갖추고 사람들을 불러들인다. 여기에다 부산을 잇는 세계 최대 해저터널을 자랑하는 거가대교巨加大橋까지 연결되었으니, 탄탄대로임이 분명하다.

거제도의 지명은 신라 문무왕 때 '상군裳郡'이라 칭한 적이 있다. 여기에 쓰인 '치마 상裳' 자는 치마처럼 펼쳐진 거제도의 지형을 떠올리게 하면서 모성적 포용력을 갖는다. 이후, 경덕왕 때 개명되어 오늘날의 '거제巨濟'로 바뀌었다. 이 또한 '클 거巨'와 '구할 제濟' 자를 쓰고 있으니, 하나의 큰 포용력이 아닐 수 없다. 크게 구하는 섬, 거제도인 것이다.

예컨대 임진왜란 때에는 옥포만이 이충무공의 첫 승첩지로서 구국의 의미를 더하였으며, 6 · 25 전쟁 때에는 고현지역 360만 평을 포로수용소로 내어줌으로써 수많은 포로들의 목숨을 구제했다. 나아가 1 · 4후퇴 때에는 거제도 전역이 피난처가 됨으로써 흥남철수 작전으로 떠밀려온 피난민들을 품어주었다. 당시 10만 명에 불과하던 거제도가 피난민과 전쟁포로 등 무려 30만 명이 넘는 목숨을 구제한 사실은 '거제巨濟'가 품은 지명의 뜻과 무관하지 않을 것이다.

그것뿐이겠는가. IMF 때에는 양대 조선소인 삼성중공업과 대우조선해양이 호황기를 맞아 수많은 실업자를 구제함으로써 지역경제와 국가경제를 극복하는 단초가 되기도 했다. 또 둔덕기성(폐왕성)은 고려 의왕이 거처할 수 있는 터를 내어주고 유배지로서 그 오랜 역사를 더하고 있으니, 예나 지금이나 '거제巨濟'가 지닌 큰 포용력은 변함이 없다. 길을 잃은 사람들마다 거제도로 와서 길을 찾는 것도 그러한 이유에서다.

고향이든 아니든 여기서 20년 이상 거제살이를 한 나에게는 더욱 더 그러하다. 거제도가 한낱 환상의 섬만은 아니었기 때문이다. 섬이 지닌 원심력에 힘입어 모름지기 길이 되어 움직인 것이다. 배우기 위해 때로는 부산, 때로는 서울로 내달려야 했었다. 그런 만큼 나의 길은 언제나 바깥으로 뻗쳐있었다. 그래서일까. 제 스스로 길이 되어 움직이는 가운데 모름지기 '거제인'으로 거듭나고 있다. 거제 토박이를 비롯하여 조선소의 산 역사인 근로자와 더불어 살아가는 사람들이 '거제인'이니, 기나긴 세월동안 조선소에서 근무하는 남편과 동고동락하는 내가 바로 거제사람인 것이다.

돌이켜보니, 내 기억 속의 거제도는 지도에서나 찾아볼 수 있을 정도로 작은 섬이었다. 우리나라에서 두 번째로 큰 섬이라는 것은 남편의 직장을 따라 이사를 하면서 알게 되었다. 처음엔 꼬불꼬불 산길을 넘고 또 넘어서야 닿을 수 있는 섬이었다. 차창 밖으로 보이는 비탈길이 가도 가도 바다와 맞닿아 있다는 게 한편으론 신기했었다. 통영을 지나 거제대교를 건너고 산중턱을 돌고 돌아 한참을 지나서야 조선소가 보였다. 집채보다 더 큰 배가 보이더니 운동장이 보이고, 그 너머로 나지막한 아파트도 군데군데 보였다.

울울창창한 나무들로 둘러싸인 아파트 단지는 자연미가 물씬 풍겨 그다지 낯설지 않았다. 입구마다 진을 치고 있는 자전거와 오토바이는 다른 지역에선 보기 드문 진풍경으로 그것이 거제도 사람들이 주로 이용하는 교통수단임을 알렸다. 이삿짐을 정리하고 베

란다를 바라보니, 홍조 띤 동백 열매가 보였고, 노랗게 익어가는 모과와 매실도 보였다. 그 옆에는 황금빛으로 물든 은행나무 아래에서 은행을 줍는 사람들의 여문 손길도 보였다. 저만치 자전거를 타고 가는 아낙네의 활기찬 모습들은 그것이 이미 오래된 풍경임을 말하듯이 자연스러웠다.

그날로부터 조선소는 내 삶의 터전이 되었으나 정붙이기는 쉽지 않았다. 거제에서는 잠시만 살고 ㄷ시에서 근무하기로 하고 남편이 그곳에다 주택조합까지 신청한 상태였다. 그러다 보니 서른 즈음 나는 거제도에 살면서도 머지않아 떠날 것이라는 생각으로 언제나 마음은 딴 데 있었다. 그러다가 둘째 아이가 태어나고, 그 이듬해 남편이 ㄷ시로 발령을 받았다. 기다렸다는 듯이 나는 이삿짐을 싸고 엉거주춤 거제도를 떠났었다.

그러나 거제도는 그렇게 쉬 떠날 수 있는 곳이 아니었다. ㄷ시로 이사 온 지 몇 년 되지 않아 IMF 경제위기가 들이닥친 것이다. 이런저런 이유로 남편의 팀 전체가 거제도 조선소로 다시 발령이 나면서 급기야 나는 ㄷ시를 떠나와야 했다.

그때는 기다리던 아파트에 입주하여 정을 붙인 나머지 나도 아이들도 다시 거제도로 가고 싶지 않았다. 경상도 토박이인 우리 부부와 달리 표준 말씨가 몸에 밴 아이들이어서 서울내기로 한번 멋지게 키우고 싶었다. 더욱이 우리나라 최초로 세계박람회가 열린 도시여서 과학자의 꿈을 가진 아이들의 호기심도 충족시키고 싶었다. 이래저래 첨단 과학의 장을 손쉽게 드나들면서 나 또한 첨단시대를 앞서 걷고 싶었던 바람도 있었다. 그러나 엄연한 현실 속에서는 이 모두 지나친 욕심인 터라 접어야 했다.

다시 찾아 온 거제도는 짧은 세월임에도 많이 달라져 있었다. 꼬불꼬불 산길은 추억 속의 길이었고, 여기저기 뚫린 길은 터널로 연결되면서 섬과 육지와의 거리가 느껴지지 않았다. 거제도는 더 이상 고립된 섬이 아니었다. 쭉 뻗은 길을 따라 젊음이 약진하는 가운데 여기저기서 생명력이 움트는 소리가 터져 나왔다.

세상은 금융위기 사태로 온통 얼어붙었는데, 거제도는 그야말로 봄이었다. 세계 제일의 조선해양도시임을 자랑하는 가운데 양대 조선소는 밤낮없이 불을 밝혔으며, 망치소리 또한 그칠 날이 없었다. 나지막한 아파트가 대부분이었던 거제도에 고층아파트가 삐죽삐죽 솟아올라 있었다. 그 길을 따라 알쏭달쏭한 얼굴을 하고서 나는 다시 가족과 함께 조선소 입구로 들어섰다.

다섯 살배기 작은 아이는 바깥구경을 하다가 눈이 휘둥그레졌다. 조막만 한 얼굴을 차창에 대고 신기한 듯 탄성을 질러댔다. 곁에 있던 큰아이는 정든 친구들과 헤어져서인지 여전히 시큰둥한 표정으로 눈을 내리깔았다. 그러다가 종이배도 모형배도 아닌 아파트보다 더 큰 배가 눈앞을 가리자 금세 표정이 밝아졌다. 그런 배를 만드는 아빠가 한편으론 신기한지 배에 대한 질문을 연거푸 하면서 예전의 소리를 되찾았다.

부메랑처럼 돌아온 거제도와의 연緣은 그렇게 다시 이어졌다. 떠날 것이라는 생각은 이후에도 계속되었지만 그렇다고 떠날 수 있는 것은 아니었다. 여기서 유치원, 초, 중, 고를 다 졸업한 아이들과 더불어 어느덧 거제사람이 된 것이다. 이십대를 훌쩍 넘어선 아이들은 지금은 대학생이 되어 이곳을 잠시 떠나있다. 그들도 어쩌면 섬이 지닌 원심력을 이용해 바깥으로 창창히 뻗어나고 있을 것이다. 그러다가 나처럼 길을 찾다가 머지않아 제 스스로가 길임을 알게 될 것이다.

그 길의 연장선에서 보면 '거제'는 더 이상 고립된 섬이 아니다. 외도, 내도, 지심도, 칠천도, 가조도, 산달도, 이수도 등 많은 섬들이 거제도의 너른 그 품 안에서 길이 되어 움직인다. 이렇듯 섬과 섬이 만나면 길이 되는 것처럼 길을 가다가도 문득문득 뒤돌아보는 것은 사람이 길이기 때문이다. 사람과 더불어 생겨남으로써 더없이 아름다운 거제도는 언제부터인가 길을 찾는 사람들 누구에게나 길이 되고 있다.

섬이든 길이든 그게 중요한 것은 아니다. 거제도는 세월이 제아무리 흘러가도 '거제巨濟'라는 글자 그대로 "크게 구하고, 크게 베푸는", 포용력 있는 큰 도시임이 분명하다. 여기에다 천혜의 자연환경과 더불어 나누는 거제사람의 이야기가 문학이 되고, 그 속에서 만난 거제를 찾아 다시 또 길을 떠난다면, 이보다 더 좋은 길은 없을 것이다.

거제아리랑

부산으로 가는 길이 가까워졌지만 그즈음 나에겐 여전히 먼 길이었다. 늘그막에 배움의 끈을 이어선지 뻥 뚫린 거가대교를 달리면서도 길과 길을 잇는 것이 쉽지 않았다. 일상처럼 오가는 가운데 탄탄대로가 되었지만, 깜박이는 경고등이 내 안에서 켜질 때면 길을 가면서도 이따금씩 쉬었다가야 했었다. 집에 오면 우선적으로 잠을 청한 것도 쌓여가는 피로를 풀기 위해서였다.

그날도 그랬었다. 초저녁임에도 잠에 빠져버린 나는 평소 존경하던 원로시인의 부음을 받았지만 알람소리를 듣고서야 알게 되었다. 네댓 시간이 지난 뒤에 발견한 문자메시지는 그가 이 세상에 존재하지 않음을 알렸다. 이를 애써 외면하고 싶었던 나는 꼭두새

벽이라 전화기를 들었다 놓았다 반복해야 했었다. 수일 전에 발가락 수술을 받고서 일반병실로 옮겼다는 말을 듣고 한편으론 마음을 놓았었다. 머지않아 추석이어서 귀성길에 병문안을 하려고 느긋하게 마음먹고 있었는데, 어찌하랴.

그는 나에게 전화를 걸어 "서양, 나 아직 안 죽었다."는 말을 곧잘 하곤 했었다. 그것은 소식이 뜸할 때마다 무심한 나를 일깨우며 저리로 돌아앉은 세상과 소통하기 위한 그만의 독특한 해법이었다. 그러던 그가 추석 한가위를 이틀 앞두고 귀성길을 떠나는 수많은 사람들을 뒤로 한 채 훠이훠이 멀어져갔다. 다시는 돌아올 수 없는 머나먼 강을 건너간 것이다.

달포 전만 하여도 이제 막 시작한 공부를 언제 마치느냐고 물어보지 않았던가. 모처럼 긴 통화를 하면서 가까운 지인들의 근황도 살피고 이런저런 당부도 곁들이곤 했었다. 평소와는 달리 건강한 목소리에다 여전한 통찰력을 보여 회복하는 줄로만 알았는데, 어찌하여 세상 줄을 놓았단 말인가.

아닐 것이다. 이 세상은 이미 다 꿰뚫은 터라 저 세상으로 잠시 소풍을 떠났을 것이다. 여기서는 그를 찾아오는 사람들이 하도 뜸하여 날개를 달고 병상에서 벗어나 옛사람들이 와글와글 거리는 곳으로 구경하러 갔음이 틀림없다. 허구한 날 병상만 지키고 있는 삶은 더 이상 살아있음이 아닌지라 그는 분명 살기 위해 저 너머의 강을 건너갔으리라. 그러다가 어느 날 습관처럼 전화벨을 울리고

그가 떠난 지도 벌써 두 해가 지났다.
이를 알리듯 유리창 너머엔 엊그제부터 돌풍을 동반한 장맛비가 세차게 몰아친다.
그 사이로 일렁이는 그리움을 붙들고 불현듯 그를 떠올리는 것은
그동안 힘든 과정만이라도 마쳤다는 소식을 전하고 싶어서다.

"서양"하고 나지막이 부르며 "나 아직 안 죽었다"고 하면서 삶과 죽음의 경계를 어이없이 허물고 다시 나타날 것이다. 그리하면 그를 깡그리 잊고 살던 나는 맞장구를 치면서 "예, 저도 아직 멀쩡하게 살아있어요."라고 능청을 떨고서 한바탕 크게 웃으리라.

그렇다. 늘 그랬던 것처럼 그는 아직도 살아 있을 것이다. 이 세상이든 저 세상이든 사람들이 머무는 곳이면 어디든지 찾아가 그가 품은 시詩앗을 나누어줄 것이다. 나에게 그랬던 것처럼 마음이 가난한 사람들에게 빈집의 설움을 통째로 껴안고 쓴 시詩들을 불러내어 나지막한 목소리로 읽어줄 것이다. 그리하면 내가 그랬던 것처럼 그들 또한 그 속에 담긴 시인의 이야기에 푹 빠지고, 허스키한 그 목청에서 울리는 삶의 진실을 고스란히 발견하게 될 것이다.

여든을 넘기고서도 일기를 쓰듯이 시를 쓰고, 그 속에다 그리움을 한껏 풀어놓았던 그였다. 그러고도 못 다한 그리움은 가슴을 쥐어짜며 홀로 삭이곤 했었다. 한 세상 그리움에 물든 채 살았으니, 또 한 세상은 만나고 싶은 사람일랑 미련 없이 만나고 살아야 할 것이다. 그리하면 그의 발길이 닿는 곳곳마다 사람들로 들끓는 만남의 광장이 되고, 사람과 사람과의 연분이 알알이 맺어짐으로써 그 옛날의 아득한 봄날도 불러오지 않겠는가.

인간으로 태어나 인간이 되는 것은 당연한 이치인데도 그는 틈만 나면 인간답게 살라는 말을 했었다. 그런 만큼 힘든 게 인간의 길이라는 것을 진즉 알고 되뇌었을 것이다. 오죽했으면 세상 짐을

다 벗어버린 채 빈집을 벗 삼아 살았으랴.

그가 떠난 지도 벌써 두 해가 지났다. 이를 알리듯 유리창 너머엔 엊그제부터 돌풍을 동반한 장맛비가 세차게 몰아친다. 그 사이로 일렁이는 그리움을 붙들고 불현듯 그를 떠올리는 것은 그동안 힘든 과정만이라도 마쳤다는 소식을 전하고 싶어서다. 성급한 나의 자랑질을 놓고 무슨 말을 하려나. 갸웃갸웃 고개를 흔들지 호통을 칠지, 알 수 없는 일이다. 그렇다고 하여 그를 외면할 수는 없다. 이기적으로나마 내가 그의 말벗이었기 때문이다.

요즈음은 거가대교를 달리는 일도 제법 익숙해지고 있다. 길이 바로 눈앞이어서 앞만 보고 달리지는 않는다. 간간이 옆길로 빠지면서 바닷가 풍경을 읊는다. 모두가 예전 그대로인데, 그가 보이지 않는다. 수평선도 보이고 갈매기도 보인다. 철썩이는 파도와 함께 여기저기 구르는 자갈소리도 들린다.

그러나 그의 소리는 없다. 아스라이 멀어져가는 세상을 붙들고 애써 날 불러들이던 그날의 인기척과 함께 사라지고 없다. 간간이 울리던 전화벨소리도 없다. 어디에도 없다. "서양, 나 아직 안 죽었다."고 하던 그날의 너스레만 가까스로 살아 있을 뿐이다.

단골 사랑

뱃고동이 울린다. 내가 자리에 앉기도 전에 배가 움직이고 있다. 빈자리가 많이 보여 번호표와 상관없이 얼른 뒷자리로 가 앉는다. 심한 뱃멀미를 한 적 있는 앞자리는 생각하기조차 싫다. 이런 나의 조바심을 알았는지 바람도 슬그머니 돌아서 간다. 순풍에 돛단 듯 나아가는 뱃길임이 문득 놀랍다.

창 밖에 일렁이는 잔물결이 흐린 하늘 아래 파란 줄무늬를 그려간다. 포말 되어 부서지는 파도는 뱃길 따라 줄을 잇고, 그림처럼 앉아 놀던 갈매기는 배가 다가오는 낌새에 재빨리 날갯짓을 한다. 평화로운 정경이다. 엉겁결에 나는 그들과 함께 숨고르기를 한다. 놓칠세라 꼭 쥐고 있던 까만 비닐종이가 손가락에서 빠지더니 발밑에서 바스락거린다. 그러고 보니 내가 배를 탈 때마다 거센 바람이 성난 파도와 함께 몰아쳤던 것 같다.

고현항을 떠나 바닷길을 건너면 50분이면 부산항에 닿는다. 바람이 없는 잔잔한 바다임에도 나는 뱃멀미에 대한 두려움으로 망망대해를 지나 다시 뱃고동이 울릴 때까지 눈을 감았었다. 영도다리가 보이고 그 너머로 용두 탑이 보였을 땐 뱃고동이 다시 울리고 난 이후였다.

후드득 빗방울이 떨어진다. 잔뜩 흐려있던 하늘이 마침내 제 속을 드러낸 모양이다. 배에서 내려오니, 백발이 희끗한 웬 노인이 우산을 씌워주겠다는 게 아닌가. 어안이 벙벙해진 나는 뒷걸음을 치면서 갸우뚱거렸다. 그러니까 그는 함박웃음을 짓고 한걸음 더 다가왔다. 그러고 보니 낯이 익은 얼굴이었다.

"아, 아저씨군요. 모자를 벗은 모습이라 몰랐어요. 여긴 어쩐 일이세요?"

"병원에 갈 일이 있어서요. 아주머니는요?"

"저도 볼 일이 있어서요."

"어디까지 가나요? 우산을 씌워 줄게요…"

엉겁결에 나는 그의 우산 속으로 빨려 들어갔다. 내리치는 빗방울을 더는 피할 수가 없었다. 우산을 받쳐주던 그는 연신 싱글벙글했다. 졸지에 우산 속의 연인이 된 우리는 부둣가를 빠져나와 지하철역을 향해 나란히 걸어갔다.

그는 우리 동네에서 과일행상을 하던 아저씨였고, 나는 그의 단골손님이었다. 내가 과일을 사러갈 때마다 그가 덤으로 더 얹어주어서인지 우리는 친분이 꽤 두터웠다. 그럴 만큼 그의 상술은 돋보였다. 비가 오나 눈이 오나 과일 실은 트럭으로 사람들의 시선을 한 몸에 받기 충분했던 것이다. 가로등의 눈빛은 졸고 있어도 그의 눈빛은 조는 법이 없었다. 계절마다 제 맛을 느낄 수 있는 과일로 사람들의 발걸음을 자연스레 끌어당겼었다.

그래서인지 그의 과일 맛은 좋았다. 과일에 대한 자부심 또한 보통이 아니었다. "맛이 없으면 공짜로 주겠다."는 소리는 입담만큼 구수한 그의 단골 메뉴였다. 그러나 나는 과일 맛이 없을 때에도 한 번도 그것을 되 물린 적은 없었다. 그때마다 저만치 돌아서가기도 했으나 잠시였다. 그의 눈이 '고객' 을 놓칠 리 없었다. 애써 비껴가던 나를 여지없이 불러 세우며 큰 소리로 인사를 건네는 게 아닌가. 그럴 때면 마치 아무 일도 없었다는 듯이 발길을 돌리고서 "아저씨의 과일은 역시 맛있어요." 하면서 맞장을 뜬다. 이 또한 변함없는 나의 단골 메뉴였다.

그러던 어느 날 그가 보이지 않았다. 우리 집 앞에는 전혀 딴사람이 과일을 팔고 있었다. 과일을 좋아하던 나는 그 앞을 지나가면서도 과일을 사지 않았다. 그의 호객소리를 듣고 싶어서일까. 그의 빨간 모자를 보고 싶어서일까. 예전처럼 과일 맛이 느낄 수가 없어 한동안 과일을 잊고 살았던 것 같다.

그런 그를 우연히 바다를 건너 부산항에서 다시 만난 것이다. 매일같이 쓰고 있던 빨간 모자를 벗어버린 그는 오랜 지병으로 통근 치료를 받는다고 한다. 그 세월도 어느덧 해를 넘기고 이제는 고질병이 되어 삶의 의욕마저 상실할 정도란다. 날품팔이 하루살이에 병원 가는 날이 너무 잦아 고달프다는 말을 덧붙이며 말끝을 살짝 흐렸다.

굵어지던 빗줄기가 돌연 그의 얼굴빛을 흐리게 했다. 사는 게 갈수록 힘들다고 하던 그는 과일 실은 트럭을 팔면서 장사를 그만 두었다고 한다. 그러면서 과일의 속을 알 수 없어 더러는 상한 과일을 팔았다는 말도 덧붙인다. 그렇지만 늘 싱싱하고 맛있는 과일을 팔기 위해 남보다 먼저 일어났었다고 한다. 밑지더라도 그의 고객들에게 좋은 과일로 보답하고 싶었다는 그의 상술은 여전히 힘이 넘쳐 있었다.

그러나 빽빽이 들러싼 빌딩 숲에서 그의 소리는 점차 힘을 잃어갔다. 오늘은 큰 병원에 가기 위해 단벌 신사복을 말끔히 손질하고 입었단다. 그러면서 멋쩍은 듯 머리를 긁적였다. 늘 쓰던 빨간 모자를 벗고 있어 그저 멋있는 신사인 줄로만 알았는데, 그게 아니었다. 자세히 보니 예전보다 훨씬 야윈 모습이었다. 수심 가득한 그의 모습을 뒤로 하고 나는 총총걸음으로 지하철에 올랐다.

지하철 창窓 너머로 그가 보였다. 지난 날 우리 집 앞에서 밤낮없이 과일을 팔며 환하게 웃던 그가 아니었다. 그럼에도 나는 그의 단골손님인 양 웃으면서 손을 흔들었다. 그도 나에게 그러했다. 덜커덩거리는 소리와 함께 그가 내 곁에서 점점 멀어져간다. 기약 없는 작별인지도 모른다. 그럼에도 나는 그를 잊을 수가 없다. 그의 과일 맛은 언제나 일품一品이었으니까.

계단을 오르면서

엘리베이터는 점검 중이다. 고층에 사는 나로서는 쉽지 않은 오르막에 놓여있다. 단숨에 오를 것을 생각하면 기다릴 수 있겠지만 무심한 발걸음이 이내 계단으로 향한다. 층층이 새어나는 인기척이 낯설다. 초를 다투며 움직이는 엘리베이터의 일상 속에 사라져가는 소리로 남은 것일까. 문 하나를 사이에 두고 그냥 스쳐 지나간다.

얼마나 올랐던가. 자전거를 붙들고서 울먹이는 있는 한 아이의 모습이 보인다. 내리막을 바라보며 자전거를 내리지 못해 쩔쩔매고 있다. 지친 모습으로 계단을 오르는 나를 보고서도 무작정 내려가려고 한다. 그러다가 점검 중인 엘리베이터인 줄도 모르고 발을 동동 구르며 쉴 새 없이 버튼을 눌러댄다.

오르막길에는 정녕 올라가는 사람만 있는 게 아니었나보다. 수십 년의 공직 생활을 마감한 한 공무원의 명예 퇴임식이 생각난다. 늘 그랬던 것처럼 그 날도 정해진 틀 속에서 행사가 치러졌다. 줄줄이 이어지는 유명인사의 인사말이 그랬고 표정 잃은 사람들의 박수 소리가 그랬다.

빼곡히 들어선 사람들 사이로 비집고 들어서자 낯익은 한 사람이 보였다. 부인과 함께 나란히 앉은 그는 단상에서 가슴에 꽃을 단 채 하객들과 마주하고 있었다. 그런 그를 바라보다 찡한 느낌이 들었다. 묻어둔 세월 속에 그만 유구무언이 된 것일까. 더 이상 오를 수 없는 단에 앉은 듯한 그를 바라보다가 나도 모르게 고개를 돌려버렸다. 시선을 접을 수가 없는 묘한 기분이라 단상에 놓인 꽃다발에다 그만 시선을 묻어버렸다.

단상에는 크고 작은 꽃들이 활짝 피어 있었다. 알록달록한 꽃들이 퇴임자의 기나긴 흔적을 말해주듯 다양함을 마음껏 뽐냈다. 꽃보다도 아름다운 사람을 위해 가시 속에서도 활짝 피어난 것인지, 제 아무리 화려해도 이내 시들어버릴 꽃이어서 사람보다 먼저 단상에 올랐는지는 모른다. 그러나 장미, 국화, 백합 등 다양한 꽃들이 빚어내는 향기는 시간이 흐를수록 더욱 짙어지고 있었다.

퇴임자의 흔적을 기리는 순서가 시작되었다. 시장을 비롯하여 시의원, 면장 등으로 이어지는 한마디가 그날만큼은 낮아지는 소리였다. 박수 소리 또한 사라지는 소리가 아니었다. 고향의 청지기로 살아 온 퇴임자의 업적이 거듭되는 축사 속에 봄날처럼 환하게 피어났다. 보이는 단의 한계를 이미 초월한 것일까. 식순 따라 반복되는 공적치사가 한순간 치솟더니 그를 최고봉에다 올려놓았다.

시집 출판을 겸한 퇴임식인지라 그리 경직된 분위기는 아니었다. 기나긴 공직생활 동안 묻어 둔 그의 인생사가 구구절절 시구詩句로 아로새겨졌다. 삶의 애환이 서려서인지 줄줄이 이어지는 시낭송이 가슴을 후벼내는 아픔으로 들려왔다. 파도소리가 낯설지 않는 것처럼 굽이치는 인생의 파도를 도리어 전환점으로 삼았는지도 모른다.

답사가 이어졌다. 진솔한 삶에서 묻어나는 그의 향기가 거추장스런 포장지를 이미 외면한 듯 구구절절 긴 이야기는 하지 않았다. 맡은 임무에 최선을 다했다는 한마디만 조용조용 내 귓전을 파고들었다. 그러던 그의 얼굴에서 돌연 눈물이 흘러내렸다. 오랜 지병으로 고생하는 아내를 향한 짙은 애정이 긴 한숨과 더불어 터져나온 것이다. 사랑한다는 말을 하진 않았지만 이미 열려있는 눈물샘이었다. 보이는 부분과 보이지 않는 부분이 포개어져 농익은 모습으로 남은 지 벌써 오래인 듯 자연스러웠다.

미침표를 위한 절차이기 때문인지 그날은 다소 아린 마음이었다. 그러나 돌아서는 발걸음은 그렇지 않았다. 있는 그대로를 보여주는 삶이 아름다운 나머지 나는 한동안 그 자리를 맴돌았다. 그것은 오랜 세월이 지난 지금까지도 내 삶의 바로미터가 되고 있다.

점검을 마친 엘리베이터가 다시 움직이며 소리를 낸다. 숨 가쁘게 움직이며 누군가의 부름을 받고 수직으로 오르내린다. 버튼만 누르면 단숨에 오를 수 있는 길이 눈앞에 보인다. 그럼에도 나는 그 길을 한사코 돌아서간다. 윙, 하는 기계소리와 함께 쉬 오르내리는 엘리베이터가 불현듯 낯설어진 까닭이다.

위선자의 변辯

덜커덩거리는 소리가 커져가자 잠시 보이던 하늘빛이 다시 멀어져간다. 어둠을 죄다 삼키고 달리는 지하철은 어느새 발 디딜 틈이 없을 정도로 붐빈다. 그 틈새로 들려오는 하모니카 소리에 내 무딘 청각이 리듬을 탄다. 귀에 익은 선율이어선지 콧노래가 절로 새어나온다. 땅 속 깊은 곳에서의 울림이라 빛살보다 더 빨리 내 가슴을 움직인다.

그가 오는 소리가 아니던가. 앞이 보이지 않는데도 비좁은 통로를 일상처럼 헤집고 다니는 눈 먼 사람, 그의 소리가 분명했다. 하모니카를 목에 걸고 한 손에는 지팡이를, 다른 한 손에는 농전바구니를 든 그가 칸칸이 문을 밀치고 내 앞으로 다가온다.

어떻게 할 것인가. 동대입구로 가는 3호선 지하철에서 그를 만난 게 한두 번이 아니다. 그런데도 난 한 번도 그에게 온정을 내민 적이 없었다. 지갑을 만지작거리다가도 막상 그가 가까워지는 순간엔 동작을 멈추곤 했었다. 동전 한 닢이 아까워서가 아니라 그것을 내밀 용기가 없어 멀쩡한 눈을 하고서도 눈 먼 사람인 양 눈을 감아버린 것이다.

그러나 그와 정면으로 맞닥뜨려진 오늘은 무작정 그럴 수는 없다. 그가 가까이 오기도 전에 내 가슴이 열려버려 더는 외면할 수 없을 것이다. 그렇다고 길만 살짝 틔어주고 돌아서는 사람들 속으로 자신을 감출 수도 없지 않겠는가.

이런저런 생각을 하면서 망설이는 사이에 지하철은 다음 정거장에서 멈췄다. 눈 먼 사람의 하모니카 연주와는 아무 상관이 없다는 듯 문이 활짝 열렸다. 그 순간, 타고 내리는 사람들로 붐비던 지하철은 전혀 다른 소리로 들끓기 시작했다. 추억의 골든 팝송, 〈예스터데이〉가 울려 퍼지더니, 음반을 판매하는 젊은 사람이 보였다.

그는 지하철에 오르자마자 문 앞에다 시디플레이어를 실은 손수레를 세워놓고 거침없이 음악을 틀어댔다. 그 소리의 파장이 너무 커서 눈 먼 사람의 하모니카 소리는 아예 들리지도 않았다. 소리 크기를 높일 대로 높인 그는 사람들의 감성을 제멋대로 자극하다 고조될 즈음엔 재빨리 다른 음악으로 바꾸어버리는 상술을 펼쳤다. 그러다가 음악을 멈추고 추억의 골든 팝송 세트를 단돈 만원에 드리겠다고 외치면서 사람들 틈새로 마음껏 비집고 다녔다.

아주 잠시였는데도 그의 손에는 만 원짜리 지폐가 서넛 쥐어져 있었다. 눈 먼 사람의 하모니카 연주에는 눈길조차 두지 않았던 사람들의 마음을 시디플레이어가 거뜬히 움직인 것이다. 세상은 아직도 큰 소리가 지배한다는 듯 지폐 한 장을 용케 끄집어내게 한 그의 상술이 새삼 놀라웠다. 간간이 음반을 판매하는 그를 본 적은 있었지만 이렇듯 소리와 소리가 서로 맞닥뜨려진 적은 없었다. 성능 좋은 시디플레이어가 눈 먼 사람의 하모니카 소리를 순식간에 삼켜버린 것이다.

음반 판매상이 제 볼 일을 마치고 지하철에서 내리자 다시 눈 먼 사람의 모습이 보이기 시작했다. 내가 예스터데이(?)에 빠져 중심을 잃고 있을 때, 그는 나에게서 멀어져가더니 저만치에서 휘청거렸다. 생계의 수단이던 하모니카 소리를 잠식당하고서 발을 헛짚은 모양이었다. 움직이는 지하철 안에서 하모니카 소리가 들리지 않음은 그가 중심을 잃는 것과 다름없었을 것이다.

그러고 보니 오늘도 나는 눈 먼 사람의 연주를 공짜로 들었다. 추억의 골든 팝송을 핑계로 그를 살짝 비켜나면서 한편으론 다행스러웠는지도 모른다. 검은자위가 없어서 초점을 잃었음에도 불구하고 그를 마주칠까 은근슬쩍 두려워한 것이다. 눈이 멀쩡한 사람들을 의식한 나머지 동전 한 닢조차 내밀지 못하고 그대로 눈을 감고 있었다. 그러면서도 백기처럼 펄럭이는 그의 눈동자를 떠올리고 그를 생각했었다.

무슨 말을 하랴. 채무자의 굴레를 벗어버릴 수가 없다. 무엇하러 내가 책을 움켜지고 앉았던가. 힘겹게 늘어뜨린 가방끈이 새삼 무색한 느낌이다. 생명줄과 같은 하모니카 소리가 허물어지고야 그를 돌아다본다. 이 또한 허울에 불과하다는 듯 지하철의 안내방송이 부랴부랴 나를 일으킨다.

목적지에 다다른 것이다. 엉겁결에 지갑을 열고 승차권을 끄집어내던 나는 멈칫한다. 열린 지갑 틈새로 고개를 빠끔 내민 동전들이 일제히 나를 쏘아본 것이다. 마치 내 얄팍한 동정심을 두고 무어라고 나무라는 눈치다. 벌침같이 따끔한 느낌이라 모처럼 내 가슴엔 살아 있는 피가 솟는다.

불꽃 이야기

모든 일은 순식간에 벌어졌다. 그것이 생시生時라는 게 믿어지지 않았다. 110층 쌍둥이 빌딩 속으로 여객기가 돌진한 것이다. 삶과 죽음의 갈림길인 줄도 모르고 비행기에 오른 사람들이 한순간 불꽃처럼 사라져갔다. 그것을 지켜보던 지구촌 사람들이 놀랄 겨를도 없이 또 다른 방향에서 그 빌딩 속으로 돌진하는 여객기가 있었다.

뜬눈으로 바라볼 수밖에 없는 막막한 현실 속에 태산보다 높은 빌딩이 허물어지는 것은 참으로 순간적이었다. 꿈인지 생시인지 알 수 없는 가운데 나는 부너지는 건물 속에서 아우성지는 사람늘의 소리를 그저 상상으로 돌려야 했다. 어쩌면 영화 감상에 취해 내가 꿈을 꾸고 있는지도 모르겠다.

하지만 그것은 분명 현실이었다. 하늘 높이 치솟았던 세계 무역센터가 수 천명의 목숨과 함께 삽시간에 사라져버린 것이다. 이를 취재하던 매스컴의 열기는 연일 달아올라 지구촌의 시선을 일제히 미국 뉴욕으로 집중시켰다. 과학 문명의 발달로 현장감 있는 뉴스는 생생하게 전달할 수 있어도 테러사태를 막을 수는 없었던 모양이다. 이를 긴급뉴스로 지켜보던 나는 비명非命에 간 사람들을 대신하여 연신 비명悲鳴을 울렸다.

그런 까닭일까. 나는 테러 사태의 주동자가 '오사마 빈 라덴' 이라는 뉴스를 있는 그대로 받아들였다. 놀란 사람들 틈으로 쉴 새 없이 새어드는 그 이름이 생소하게 하긴 했으나, 내가 그를 증오하기까지는 그리 긴 시간은 들지 않았다. 어쩌면 문명의 이기利器로 벌어진 사태의 추이를 더는 관망하고 있을 수 없었는지 모른다. 그만큼 절박한 현실감이 매스컴을 타고 현장감 있게 흘러내렸다.

이러한 지구촌의 비극을 잠시 잊기라도 하듯 엇그제 거제 예술제의 개막을 알리는 음악회에 갔었다. 파도 소리가 그칠 날 없는 거제도에서 국립 국악 관현악단과 호소력 짙은 가수가 서로 손을 맞잡고 환상적인 하모니를 보인 것이다. 평소 양악을 즐겼었던 내가 국악을 찾는다는 게 쉽지 않았지만, 가을 향기에 무심코 다가선 발걸음이었다.

막이 오르는 가운데 우리 가락이 서곡으로 흘러나왔다. 전통 민요의 선율을 따라 피리, 대금, 가야금, 거문고, 아쟁 등이 자연의 소리를 죄다 품은 듯한 깊은 울림으로 다가왔다. 그 소리는 돌연 내 가슴을 파고들며 잔잔한 파장을 불러일으켰다. 간간이 울리는 북과 징 소리에 국악 관현악단들의 어깨도 들썩들썩 거렸다. 이에 지휘자의 검은 두루마기는 비상하듯 펄럭이며, 관중들을 하나로 만들었다.

그때 한 인기 가수의 등장으로 잠시 소란스러웠지만 무대는 다시 조용해졌다. 우리의 얼과 혼이 하나임을 말해주듯 그녀의 노랫소리가 우리의 소리를 하나로 불러 모은 것이다. 국악 관현악과 사람의 소리가 절묘하게 어우러지면서 국악가요로 거듭나는 순간이었다. 채 150센티미터가 되지 않은 단신인데도 그녀의 소리는 이천여 명이 앉아 있는 실내 공연장을 온통 열광의 도가니로 몰아넣었다. 국악 관현악의 긴 울림이 사람이 내는 소리와 어우러지면서 그것이 자연의 소리임을 알게 했다.

신 · 구 문명을 자유로이 넘나드는 그 소리에 취해 내 가슴은 불현듯 달아올랐다. "삶과 죽음이 한꺼번에 있으니 살아있으면 보겠지요. 그렇지요. 그렇지요. 그렇지요."라는 노랫말이 내 안에서 좀처럼 떠나지 않았다. 전쟁으로 인한 동족상잔의 비극이 더는 치유할 수 없는 상처로 남은 것일까. 사무치는 그리움이 시대를 초월하여 우리 가락을 통해 삶과 죽음의 장을 마음껏 드나들었다.

소리와 소리의 만남이 이어지는 가운데 귀에 익은 영화 음악이 흐르면서 그 애잔함을 더해갔다. 《고래사냥》, 《모래시계》의 배경

음악이 그 시대를 대변하듯 우리가락과 더불어 영상으로 펼쳐졌다. 시대의 아픔이 묻어나는 장면이 겹쳐질 때마다 내 가슴은 거역할 수 없는 소리로 들끓었다. 전쟁의 기운을 박차고 나온다는 게 결코 쉽지 않았음일까. 평화를 갈구하는 그 소리가 우리 가락을 통해 온 가슴을 훑어 내렸다.

공연장에서 나오자, 시민의 날을 기념하기 위한 축포가 밤하늘을 마구 흔들어댔다. 별들의 축제인 양 화려한 불꽃들이 지구촌을 향해 우수수 쏟아져 내리더니 절정에 이르렀다. 마침내 불꽃놀이가 시작된 것이다. 사람들은 저마다 하늘을 우러렀다. 축포를 쏘아 올릴 때마다 사람들은 연신 하늘을 향해 환호성을 울렸고, 나 또한 그들처럼 입을 다물지 못했다. 형형색색의 불꽃이 하늘높이 피었다가 금세 그 자리에서 사라지는 순간의 연속이었다.

그러나 이 모든 것은 짙어가는 가을밤의 단상斷想에 불과했다. 지구촌 저편의 소식이 다시 들려온 것이다. 테러와의 전쟁을 선포한 미국이 보복공격을 하면서 하늘빛을 순식간에 바꾸었다. '빈 라덴' 의 은신처인 아프가니스탄의 밤하늘에 전혀 다른 불꽃을 터뜨렸다는 것이 아닌가. 그것을 피해야만 살아날 수 있는 사람들의 절박한 현실과는 상관없이 지금 매스컴은 덩달아 불꽃을 튀긴다.

스무 살의 로망

그의 첫사랑이 나라는 사실은 전혀 뜻밖이었다. 내 기억 속에 남아있는 그는 친구 이상도 이하도 아니었다. 곰곰이 생각해보니 무리한 이야기는 아닌 것 같다. 그를 떠올리면 '순수'란 글자가 떠오르고 아스라이 멀어져간 내 기억 속의 풍경도 되살아나기 때문이다. 그럼으로써 내 스무 살의 로망도 시작된다.

내가 그를 만난 것은 막 스물이 될 즈음이었다. 버스에서 내려 보수동 골목길로 들어서자 느닷없이 나타난 그가 말을 건넸다. 버스 안에서 한 시간 가량 곁눈으로 지켜보다가 나를 따라 내렸다는 것이다. 그러더니 머리를 긁적이며 살풋 미소를 지어 보였는데, 그런 그가 나는 싫지 않았던 것 같다.

그날로부터 우리의 만남이 시작되었다. 나는 부산, 그는 서울에서 살았던 터라 만난 적은 많지 않았다. 해를 거듭한 세월 속에 가끔씩 안부편지를 주고받으며 만났던 게 고작이었다. 그래서인지 그를 생각하면 알에서 막 깨어난 풋내기 같은 느낌이 들곤 했었다.

그러던 어느 날 나는 그의 전무후무한 연인이 된 적이 있었다. 부산의 '숙이'를 보러 온답시고 그의 '서울친구들'이 우르르 몰려온 것이다. 친구로 생각하고 가까스로 마음을 열었던 나와는 달리 그는 그게 아니었다. 그들 앞에서 내가 마치 그의 피앙세라도 되듯이 우쭐대곤 했었다. 멋모르고 그 자리에 나갔던 나로서는 그런 그를 바라보며 빙긋이 웃을 수밖에 없었다. 그가 나를 좋아하는 줄은 알았지만 그렇게까지 생각하고 있을 줄은 몰랐던 것이다.

당시엔 그가 나보다 한 살 아래라는 점에서 연인으로 받아들일 수 있는 입장은 아니었다. 설익은 감정 탓도 있겠지만, 한 살 어리다는 이유가 나 스스로 그를 친구라는 울타리로 단단히 묶어버린 것이다. 그리하여 의식적으로 강조라도 하듯이 '누나'라는 고리를 걸어 친구이상으로는 만나지 않겠다는 말을 하곤 했었다.

그러나 사람의 감정을 마음대로 조절할 수 있는 것은 아니었다. 내 속에 뿌리박힌 고정관념 또한 벗어버릴 수가 없었다. 부득불 이별선언을 한 나는 그에게서 돌아서야 했다. 그와의 만남을 승화시켜 나가기엔 아무래도 인연의 끈이 조금 짧았던 모양이다. 그것을 지금의 남편이 운명으로 이었다고나 할까. 나보다 한 살 많은 남편을 만나 뒤늦게 이성의 눈을 뜬 내가 감정정리를 한 것이다. 그를 친구로, 남편을 연인으로 여긴 나머지 친구인 그는 저만치 떠나보내야 했다.

그날 이후 삼십 년 만에 그가 나에게 전화를 한 것이다. 우연히, 아주 우연히 나를 찾았다고 하면서 이제는 연락해도 되지 않겠느냐고 했다. 서른도 마흔도 지나고 지천명까지 넘어선 나이인데, 무슨 큰 문제가 있겠느냐는 것이다. 자신의 근황을 들려주던 그는 내 근황을 일일이 챙겨서 물어보았다. 마치 손윗사람인 양 행동하면서 그동안 잘 살아줘서 고맙다는 말도 덧붙였다. 그러면서 내가 그의 '첫사랑' 이라는 게 아닌가.

무슨 말을 하랴. 그를 뿌리치고 돌아서던 마지막 한 장면이 돌연 클로즈업 되면서 나를 아리게 했다. 그날의 순수를 외면하고 눈물까지 흘리게 한 내가 '첫사랑' 이라는 전혀 뜻밖의 사실을 들은 것이다. 급기야 "미안하다"고 하면서 말문을 열었는데, 그것은 내 가슴 속에 지문처럼 박혀있던 마지막 순정이었다.

그래서일까. 내 스무 살의 로망은 그와 함께 재생되면서 삼십 년 세월을 훌쩍 뛰어넘었다. 아이러니하게도 기억 속에서 떠오르는 장면은 서로 달랐던 것 같다. 나는 그의 손을 잡고 어색한 나머지 진땀을 흘리던 장면을 기억하고, 그는 나에게 뽀뽀를 하려다가 뺨을 맞는 장면을 기억한 것이다. 아무리 생각해도 그가 재생한 장면이 기억나지 않았다. 그런데도 그는 그것을 생각할 때마다 웃음보를 터뜨린다는 게 아닌가.

그 시절의 해프닝은 해맑은 기억들과 함께 나를 정지된 시간 그 너머로 깊숙이 밀어 넣었다. 하루, 이틀, 사흘이 지났음에도 여전히 그를 떠올리며 시간과 시간의 경계선을 허물었다. 난처한 노릇이었다. 그가 내 안에 들앉은 이유를 살피고 무언의 대화를 나누어야 했다. 정체성을 상실한 자신의 모습이 아슴아슴 꿈결처럼 맴돌았다. 할 일을 산더미처럼 쌓아놓고서도 아무 것도 할 수 없었음은 물론이다. 책을 펼쳐놓고서도 하릴없이 그림처럼 바라보지 않았던가.

가까운 친구에게 자초지종을 말했더니 내가 무언가 단단히 착각을 하고 있다는 것이다. 하기야 그것은 착시현상에서 비롯되었을지도 모른다. 그러나 스무 살의 로망은 지천명을 넘긴 내 삶의 기폭제가 되기에 충분하다. 지난 삼십년을 단숨에 걷어내고 스무 살로 돌아가게 하듯이 다시 또 삼십년을 기약할 수 있는 힘이 되지 않겠는가. 덕분에 내 '성년의 날'을 축하하며 보내준 지난날의 편지와 함께 그 속에 알알이 박혀있던 그의 순수를 보았다. 그럼으로써 지난 날 남겨진 눈물의 의미가 하나밖에 없었던 그의 순정이었음도 알았다.

하지만 어찌하랴. 첫사랑의 환상은 어디까지나 환상에 불과하다고들 하지 않던가. 나는 삼십년 만에 근황을 들려준 친구의 첫사랑으로 오롯이 남아 다시금 이별선언을 한다. 내가 다시 떠나는 것은 그의 첫사랑의 환상을 깨뜨릴 것 같은 조바심 때문이다. 아니, 그것은 그가 나에게 전화를 함으로써 이미 깨졌을지도 모른다. 그러니까 구차한 선언까지는 필요하지 않을 수도 있다. 그럼에도 내가 굳이 떠나는 것은 그의 첫사랑의 환상을 삼십 년 더 연장하고 싶은 미련 때문이다. 내 스무 살의 로망과 더불어.

김현길

1956년 거제 출생. 창신대학교 문창과 졸업. 《시사문단》(2005) 시 · 《수필시대》(2012) 수필 등단. 지리산문학관 제1회 전국시낭송대회 은상 수상. 시집 《홍포예찬》 《두고 온 정원》. 한국문협 · 거제수필문학회 회원, 거제문협 부회장, 거제시문학회 회장, 동랑 · 청마기념사업회 부회장

E khk1869@naver.com
H 010.9326.5073

둔덕 기성

둔덕 기성은 얼마 전까지만 해도 폐왕성이라 불렀던 곳이다. 산방산 줄기가 힘차게 휘돌아 내달려서 백호봉에 이르고, 다시 도둑골재에 몸을 낮추었다가 우두봉에 우뚝 선다. 그 팔부능선쯤에 둔덕 기성이 있다. 지금도 견내량도를 통과하는 배들의 움직임을 한눈에 볼 수 있는 전략적 요충지다. 이런 연유로 해서 옛부터 성이 있지 않았나 싶다. 폐왕성이라 부르기는 아마도 일제강점기 때부터 부른 것 같다.

내가 초등학교 다닐 때 소풍을 폐왕성으로 간 적이 있다. 그때 우연히 선생님 두 분이서 격렬히 토론하는 것을 들으며 하산하던 기억이 난다. 내용은 한 선생님은 폐왕성이 맞다하고 또 한 선생님은 피왕성이 맞다며 서로의 주장을 펼쳤다. 지금 와서 곰곰히 생각을 해보니, 두 분 선생님의 말씀이 다 타당성이 있어 보인다. 의종이 무신의 난으로 폐위가 되었으니 폐왕성이 맞고, 또 고려사의 기록대로라면 '단기사피' 로 피해왔으면 피왕성도 맞다.

그래도 나는 둘 중에 하나를 택하여 부르라면 피왕성으로 부르고 싶다. 왜냐하면 정식으로 폐위를 시켜 보낸 유배라 하면 금부도사의 호송을 받아서 가게 되어 있다. 그 예로 단종은 노산군으로 강봉하여, 강원도 영월땅 청령포로 유배 갈 적에 첨지중추부사 어득해로 하여금 수십 명 호위 군사를 붙쳐서 귀양을 보냈다. 훗날 왕방연이라는 금부도사가 사약을 들고 가게 되었고, 영월 청령포 나루터에 가면 '천만리 머나먼 길에 고운님 여의옵고' 하는 시조비가 세워져 있다. 의종처럼 단기필마로 유배를 갔다는 말은 들어보지도 기록에도 없다. 의종이 이곳 둔덕 기성에서 삼 년간 와신상담한 것이 분명하고, 역사의 기록도 피해왔다고 씌어져 있으니까, 피왕성이라 부르는 것이 맞다고 본다.

이제는 그도 저도 큰 의미가 없게 되었다. 얼마 전에 발굴조사과정에서 거제 둔덕 기성으로 신라 때부터 있었던 성으로 판명이 되었고, 국가사적 509호로 지정까지 받았다. 표지판에는 '거제 둔덕 기성' 만 달랑 표시해놓고 '피왕성' 이나 '폐왕성' 같은 표시는 아예 없다. 괄호 속이라도 '피왕성' 라고 표시하면 돈이 많이 들까….

의종 임금이 기성에 올 당시에는 둔덕 거림리에 분명 치소가 있었다. 주봉인 우두봉을 우리말로 풀이하면 소머리산이다. 농막다리에서 가만히 우두봉을 바라보면 마지 소가 뿔을 앞세우고 공격해오는 것 같은 형상이다. 양 뿔끝을 보면 좌청룡은 청령끝이라 부르는 거림교회가 있는 쪽이요, 우백호는 거림저수지가 있는 쪽이다. 그 중간에 기성현지가 자리 잡고 둔덕 벌을 바라보고 있었다. 몇 해 전에 경지정리를 하다 유물이 출토되었고, 지금은 그대로 덮어둔 상태다. 그때 상사리 와편(치마 상裳자가 새겨진 기와조각)이 발굴되어 '동래다, 거제다' 하던 독로국 위치문제가 그 기와조각 하나로 거제도로 학설이 그의 굳어졌다. 치마는 원래 둘러서 입는다. 즉 '두루다' 곧 '두로국'(독로국)을 지칭하기 때문이다.

풍수지리를 모르는 사람도 여기 와 보면 아! 하고 무릎을 탁 칠 정도로 탄복할 만한 장소다. 둔덕은 거제의 어떤 곳보다 대체로 농지가 많다. 옛부터 물 좋기로는 '1둔덕 2하청'이라 했다. 그만큼 둔덕천의 물이 풍부해서 식량자급이 가능했던 곳이다. 무엇보다 육지와 가까웠다. 육지를 통해서 필요한 물자와 문물을 쉽게 받아들일 수 있는 조건을 갖추고 있었다. 미루어 짐작하건데 의종이 둔덕 기성으로 오자, 아마도 기성현감을 비롯한 모든 관원과 백성들은 의종을 받들어 모시고 성을 쌓고 3년 동안 보호하지 않았을까. 전설에 의하면 폐왕성을 천태산 마고할미가 의종의 처지를 안타깝게 여겨 돌 한 치매 싸 담아 와서 밤새 성을 다 쌓고 남은 돌을 버리고 그 자리에 오줌을 누웠단다. 물 흐르는 소리가 아직도 돌틈 사이에서 선명하게 들린다. 옆에는 관광농원이 한창 조성중이고,

지금도 그곳을 마고덜겅이라 부른다.

의종의 간절한 기도
하늘에 닿았던지
천태산 마고 할미 돌 한 치매 담아 와서
밤새워
성 다 쌓고 나니
새벽닭이 울더라고

남은 돌 부려놓고 손 털고 눈 오줌이
돌 틈새로 꿀 꿀 꿀
둔덕들을 적시네
한 맺힌 피왕의 전설이
어디 마고 덜겅 뿐이겠나

—자작시 〈마고덜겅〉 전문

이렇듯 기성현지의 사람들과 거제 백성들은 의종 임금이 복위되기만을 손꼽아 기다렸다. 그러나 김보당이 주도한 복위운동은 실패로 끝났고 의종 임금은 죽임을 당해 경주 곤원사 연못에 버려졌다. 그뒤로 거림마을 주민들은 섣달그믐날 의종이 기거했던 기성에 올라 천제단에 빠짐없이 제를 올렸다. 팔백여 년을 이어오다 근래에 와서 새마을운동이 일어났고 미신이라고 하여 없어졌다가 5년 전에 거제수목문화클럽에서 추념식을 다시 올리기 시작했다.

> 오늘 허물어진 성벽을 부여잡고 흐느끼며 핀 저 억새꽃이 전하를 사모했던 신하와 백성들이며, 가을 하늘에 떠있는 공허한 흰 구름 발은 모든 것이 다 부질없었음을 말해주는 듯하옵니다. 다만 노송의 가지 끝에 걸려 우는 천년의 바람만이 정녕 피왕의 슬픈 역사를 알고 우옵니다. 왕이시여! 이제 천상에서 편히 잠드시고 이곳 어진 백성들을 굽어 살펴주시옵소서 상향
>
> —의종을 기리는 제문 중 마지막 부문, 제1회 추념식 때

둔덕 기성(피왕성)은 슬프고도 처연한 역사의 한 페이지를 장식한 유서 깊은 곳이다. 하루빨리 발굴 중단한 기성현지를 비롯해서, 문무백관들이 의종을 따라왔다 환도하지 못하고 27년간이나 눌러 살았던 이곳에, 고려촌을 복원하여 거제의 관광자원화를 서둘러야 할 필요가 있다. 누구라도 피왕성에 올라 비운의 왕이 건너온 전하도와 괭이바다를 보며 의종의 비감어린 심정이 되어보자. 의종 임금이 망중한을 달래며 와신상담했던 이곳 기성에 앉아 펼쳐진 한려수도를 바라보며 우리 모두 역사의 심판관이 되어보자.

어느 날 문득 피왕성에 올라
이끼 낀 성벽을 눈으로 문지르니
한 시대를 호령하던 제왕의 슬픔이 배어나고
그를 따르던 수많은 신하와 추종자들이
저기 저 억새풀이 되어
여름날 그 서슬 푸른 칼날 같은 잎은 시들고
황혼의 노인같이 하얗게 세어버린 머리칼을
차디찬 겨울바람에 다 뜯기 운 채

물이 솟아오르니 여기가 우물터던가
허물어진 돌 틈에선 아직도 재기의 몸부림이
그러나 부질없는
다 부질없는
솔바람 길게 우는 성 넘어로
공허한 구름발만
벙어리 역사 속에 흘러간 천년세월이 못내 아쉬워
천상에서 울고 있을
아! 의종

—자작시 〈피왕성〉 전문

바람의 언덕

시원한 바람이 무척이나 그리운 무더운 8월이다. 탁트인 바다와 상쾌한 공기를 맡으러 거제시 남부면 도장포 "바람의 언덕"을 찾았다. 누가 이곳을 바람의 언덕이라고 불렀을까? 너무나 어울리는 이름이다. 항시 바람이 센 관계로 나무는 잘 자랄 수도 없고 풀마저도 낮게 자란다. 자그마한 곶이다. 우리 민요, "장산곶 마루에 북소리 나더니"하는 장산곶이나, 빨간 우체통과 하얀 등대가 있는 호미곶보다는 크기가 작지만, 명성만큼은 전국에서 최고다. 언젠가 조사한 바에 의하면 우리나라 사람들 제일 가보고 싶은 곳 1위가 이곳 바람의 언덕이 아니던가. 또 풀하면 김수영의 시 〈풀〉이 생각난다. '바람보다 먼저 눕고 바람보다 먼저 일어난다.' 는 그 시 '풀' 을 읽다보면 왠지 모르게 바

람의 언덕에 낮게 자라는 풀들이 연상된다.

외도와 해금강을 돌아 도장포로 씩씩거리며 들어오는 유람선들이 부산하다. 유람선 뱃머리에 두 갈래로 갈라지는 하얀 포말을 바라보며, 다들 선장의 걸쭉한 관광멘트에 재미있어 하는 표정들이다. 원래 이곳의 이름은 '망릉잔디밭등' 이라고 불렀던 곳이다. '바람의 언덕' 은 거제 에코투어 대표인 김영춘 씨가 맨 처음 지어 부른 것으로 알려져 있다. 그러던 것을 거제시청 공무원 반동식 씨의 혜안으로 유명한 바람의 언덕이 탄생한다. 남부면사무소에 근무할 적에 염소들만 한가히 풀을 뜯고 있는 것을 보고, '바로 이거다' 하고 시청에 예산지원을 요청하게 되었다. 산책용 나무테크를 설치를 하고 나니 서서히 이름이 알려지기 시작했단다.

최근에 와서는 많은 반대에도 불구하고 커다란 풍차를 세워 놨다. 사진애호가들의 사진촬영 하기엔 그저 그만이란다. 누구의 아이디어인지 모르겠으나, 내가 보기에도 영 아니다. 네덜란드나 덴마크 사람들이 와서 보면 뭐라고 할까? 우리나라에 풍차를 세워놓은 곳이 여기 말고도 여러 군데에 있다. 충남 소래포구에 가면 널다란 갯벌을 바라보고 풍차가 쌍으로 서 있는 것을 볼 수 있다. 그곳은 더 넓은 갯벌과 갈대밭이 네덜란드 분위기와 비슷하나, 이 좁은 언딕배기 비달진 곳에 풍자라… 사람의 생각은 각사 나를 수가 있다. 바다 수위보다 낮은 육지를 둑을 막아 바람을 이용해서 물을 퍼내는 양수기 역할을 하는 것이 풍차다. 달력 같은 것에 튤립과 어울려 멋진 풍광을 자랑한다. 북유럽하면 노르웨이의 해적선과 더불어 네덜란드의 풍차가 먼저 떠오른다.

수천 년 전 바이칼 호수 주변에 환국이 있었고, 그 크기는 동서로 3만 리 남북으로 5만 리에 달했다고 한다. 북방민족인 우리들은 따뜻하고 살기 좋은 남쪽으로 민족대이동을 시작하였고, 백두산 신단수에 이러러 환웅이 세운 나라가 오늘에 이르렀다. 고향을 그리워하며 철새인 청둥오리를 따라 고향으로 얼마나 가고 싶었으면, 아예 디엔에이에 솟대가 각인되어 있었겠는가? 솟대의 유래는 여러 가지 설이 있으나, 우리들이 나이가 들면 농악놀이나 창이 좋아지듯이 우리 몸속에 아예 유전으로 전해져오고 있다. 내가 어릴 적에 동네에서 정월대보름날 농악놀이를 보고, 어린 내가 그 매구 장단에 나도 모르게 다리가 움쭐거렸다. 초등학교도 들어가기 전의 일이니, 그 음률이 그새 적응되었을 리도 만무하고 다만 유전적으로 이어받았다고 생각할 수밖에 없다.

그래서 우리 것인 청둥오리를 깎아 세운 솟대의 군락이나, 토속 민속신앙인 바람의 신격인 영등할미가 2월초하루 딸과 며느리를 대동하고 내려온다는 '할만네' 와 같은 설화가 얼마든지 있다. 바람을 상징한다고 꼭 풍차만 고집할 필요가 있을까? 예를 들어 그리스에서 이런 곳에다 풍차를 세울까? 그들은 세운다면 아마 바다의 신 '포세이돈' 이나 바람의 신 '아이올로스' 같은 상을 세우겠지. 우리 것이 가장 세계적이라는 것을 왜 모를까? 아쉬움이 나만의 생가이길 바랄뿐이다. 어쨌거나 거제도 도장포는 바람의 언덕으로 유명세를 타고 있는 것만은 분명하다.

거제도 도장포 북편
바람의 언덕에
해마다 영등할미 내려오는 곳
이 심술 많은 할미는
덕석말이 파도 일으켜
뱃사람 간담을 서늘케 했고
설늙은이 얼어 죽는다는
꽃샘추위 몰고 오기도 했다
우리 어머니 풍어풍년기원하며
바람의 신 할만네 내려온다는
이월 초하루 작사리 세워
물 떠놓고 손 비비며 소지올렸지
그 후로 영등뒤시 물 빠진 갯벌마다
아낙네들 조개잡이 손길 분주했고
도장포 북편 바람의 언덕엔
아롱아롱 아지랑이가 피어올랐다.

—자작시 〈바람의 언덕〉 전문

바람의 언덕 끄트머리에 보면 무덤이 하나 있다. 어느 집안 누구의 무덤인지는 알 필요는 없었다. 마침 내가 갈 적에 성묘 시기라 여러 후손들이 절을 하고 있었다. 묘지는 풀을 벨 것도 없었다. 대머리처럼 반질반질 벗겨진데다 잔돌들이 무덤위에 나뒹굴고 있었다. 그들은 개의치 않은 듯했고, 시에서 줄로 펜스를 쳐놓았을 뿐이었다. 그래도 표정들은 흐뭇해하는 것 같았다. 수많은 인파가 무덤주위를 마치 어느 왕릉을 참배하듯이 바라보며 돌아지나가니, 여기처럼 명당이 없는 것으로 생각하는 것 같았다. 이 앞쪽에다 솟대를 세우면 어떨까?

언덕 뒤쪽으로는 둘레길 산책로도 참 아름답다. 시간을 충분히 갖고 그 산책로를 따라 한 번 돌아보라. 일제강점기 때 일본어장주가 한 말이 지금까지도 간혹 전한다. "조선천지 다 돌아 봐도 학동어장이 최고라던" 고기 잘 잡히는 정치망 어장이 있던 곳, 저 멀리 하얀 부표가 드문드문 보인다. 그 학동만을 바라보며 소나무와 동백나무가 조화를 이룬 숲길을 따라 연인끼리 사랑을 속삭이며 걸어간다. 푸른 하늘 푸른 바다에 시원한 바람까지, 아름다운 이곳에서 저기 저 연인들처럼 나도 좋은 추억하나 갖고 싶어진다.

어머니의 유품

우리 집은 에어컨 사용을 안 한다. 내 방에는 '설풍'이라는 이름의 오래된 선풍기 한 대가 서 있다. 약간 머리가 숙여졌을뿐 사용하는데는 별 이상은 없다. 가을이 완연해 이제 날씨가 아침저녁으로 제법 쌀쌀한데도 다락에 넣지 않고 한 번씩 확인하듯 틀어본다. 돌아가신 어머니의 유품이다. 어머니를 멀리 보내던 날, 형제들은 모여서 어머니가 쓰던 물건들을 정리하면서 쓸 만한 물건들을 골라 하나씩 가져갔다. 나는 단지 이 오래된 선풍기 하나만 가져왔다. 스위치를 누르면 천천히 반응을 한다. 그러다가 약간의 소음을 내다가 시원한 바람을 불어준다. 꼭 옛날 내가 횟배를 앓았을 때 그때의 어머니 같다. 웅크리고 잠든 나를 태극선 부채로 부쳐주는 것 같아서 좋다.

올 여름에는 시작부터 고장이 났다. 내가 분해하여 닦으려고, 풀림, 죄임이라고 쓴 부속을 푸는 순간 안쪽에 있는 플라스틱으로 된 부품이 오래되고 낡아서 쪼가리 하나가 툭 떨어졌다. 아무리 조립을 해봐도 날개가 철망에 쓱쓱 닿고 또 털었다. 고치려 서비스센터에 가져 가 본다는 것이 차일피일 하다가 여름이 거의 다가 갈 무렵에 엘지서비스센터에 들렀다.

"어이구 이렇게 오래된 선풍기를 아직도 사용하고 있었나요?"

들어서자마자 안내하는 아가씨가 신기해한다. 나는 변명하듯이

"어머님 유산이라서요?"

"어디가 잘 안 되세요? 부속이 없을 텐데요? 저기 두고 일단 기다려보세요?"

아가씨가 일련번호를 컴퓨터에 입력하는 동안 나는 죄지은 사람처럼 선풍기 옆에 얌전히 앉았다. 마치 어머니를 병원에 데리고 와 대기실에서 기다릴 때처럼.

그동안 어머니의 몸 상태를 살폈다. "품명 및 형명 : 탁상선풍기 FD3519H, 날개의 크기(지름) : 35㎝, 풍속(최고의 경우) : 340m/min, 풍량(최고의 경우) : 55㎥/min, 회전각도 90도 중량 : 6kg(실제는 7kg), 코드 길이: 1.7m" 기타 주위사항 등이 자세히 기록되어 있었고, 금관모양의 마크와 '주식회사 금성사 Gold starco.Ltd' 라고 깨알같이 적혀 있었다. 찬찬히 다시 살펴보니 수입인지 같은 것이 아직도 희미하게 붙어 있고, 검사표와 주식회사

금성사 일련번호 '70107508' 이라고 적인 색 바랜 딱지가 붙어 있었다. 회사 이름도 바뀌고 디자인도 아주 구식인 밑판이 사각으로 되어 있었다. 무게는 요즘 신형 선풍기의 배나 더 나갔다. 결국 부속이 없어서 고칠 수가 없었다. 1996년에 태어났으니 거의 20년이 다 된 선풍기였다.

낙담하고 집으로 오는 수밖에 없었다. 도저히 버릴 수가 없어서 고민 끝에 기계치인 내가 하루 날 잡아서 분해 해서 환부를 고쳐보기로 했다. 다른 곳은 별다른 이상이 없었으나 풀림, 죄임이라고 써놓은 부속을 잠갔을 때 안쪽에서 받쳐주는 부속이 떨어져 나가 헐거워진 것이 문제였다. 다른 기능들은 대체로 정상이었다. 고정장치가 닳고 마모가 되어 일부는 부서진 것을 재생해야만 했다. 그리고 나무젓가락을 구해서 그것으로 적당한 크기로 잘라 헐거워진 환부에다 꽉 맞추어 끼워 넣었다. 조심 조심 조립하여 시운전을 해보았다. 날개의 밸런스가 맞지 않아 털었다. 몇 번의 실패 끝에 완전하게 수술을 마치고 조립이 끝난 상태에서 스위치를 눌러 보았다. 아! 어머니가 그전처럼 바람을 제대로 내기 시작했다. 나는 어머니의 병을 고친 의사인 양 "어머님 보세요? 그래도 이 막내아들밖에 없지요?' 혼자서 어머니에게 말을 걸었다.

어렸을 때 나의 트레이드마크가 허리를 반쯤 굽히고 손으로 배를 움켜쥐고는 '아이고 배야~' 였다. 횟배를 심하게 앓았기 때문이다. 그 당시에는 구충약이 없어서 농촌에 사는 애들이 대체로 횟배를 앓는 일이 많았다. 밤새 배를 잡고 구불면 어머니는 배를 주물러 주다가, 아무래도 안 되겠다 싶으면 면소재지까지 나를 업고 밤길을 나섰다. 면 내에 유일한 의원인 피난민 출신 최의사집 대문을 두드려서 잠을 깨웠다. 지금 생각하면 항생제 주사 한대 꼬옥 마치고, 다시 하둔 독다리(징검다리) 건너 둔덕 골바람을 맞으며 저수지 둑길을 추운 겨울밤을 오고 갔다. 그래도 낫지를 않으니까 둔덕 객선을 타고 통영으로 나를 데리고 갔다. 지금은 벽화 마을로 유명해진 동피랑 까꼬막을 기다시피 올라 먼당 집으로 엎고 갔다. 할머니 한 분이 병자를 손으로 주물려서 병을 깜쪽같이 낫게한다는 집이였다. 소문을 듣고 혹시나 하고 날 데리고 간 것이다. 그 할머니 말이 거신거리(회충)가 몸 구석구석 뼈마디마다 칭칭 감고 있다고 했다. 풀어주어야 났는다며 날 눕히더니 전신을 막 주물러대는데, 손 아금이 얼마나 쎈지 아파서 죽는 줄 알았다. 결국 횟배를 낫게 한 것은 구충약 한봉지를 구해 먹고서였다. 그날은 뒷간에서 누지 않고 일부러 마당 두름밭 옆에서 누었다. 죽어서 나온 회충 뭉치를 식구들이 확인했다. 비로소 그 지긋지긋한 횟배에서 벗어날 수가 있었다.

이토록 어머니가 내게 쏟은 정성에 비하면 나는 불효막심한 아들이였다. 엉뚱한 사업에 손을 대었다가 실패하고, 고향집에 연로하신 어머니를 혼자 둔 채 고현으로 먹고 살기 위해 이사를 나와 버렸다. 그런 얼마 후 노환으로 편찮은 어머니를 병원에 입원시켜

놓고 장사한답시고 제대로 병간호도 못했다. 어느 날 병원에서 간병인의 급한 전화를 받았다. 어머니가 갑자기 돌아가셨다는 것이다. 산다는 것이 뭔지, 병상에 누워 있는 어머니곁에 단 하루라도 같이 있어주지 못했다. 식당을 한다는 핑계로 간병인 한 사람 달랑 붙혀놓고 지인들 문병가듯이 들여다 보았으니. 이 불효를 어떻게 용서를 빌어야 할까? 이 고물 선풍기를 쉬이 버리지 못하는 이유가 이런저런 사연이 있었기 때문이기도 했다. 나는 선풍기 앞에서 어릴 적에 어머니에게 되게 혼이 나고도 애린양을 받칠 때처럼 선풍기 앞에 바짝 얼굴을 대본다. 그런데 바람이 오늘따라 유난히 부드럽게 얼굴을 감싼다. 내일쯤이나 깨끗이 닦아서 다락에다 잘 두어야겠다. 내년 여름에 어머니를 다시 만날 때까지…

아침 문안을 가면 굽은 허리로
고봉밥을 기어이 담아주시던 당신
대뿌리처럼 불거져 나온 등을 내가 만지며
옴마, 요즘 누가 고봉밥을 먹느냐고 되레 핀잔을 주면
아범 너 한창때는 이보다 더 큰 보시기에 머슴밥을 먹지 않았느냔다
밥상 앞에 놓고 이런 저런 살아가는 이야기 나누다가
얼른 가지 않고 되 맞은 파리 모양 돌고 있는 미혹한 자식 보고
혀를 쯧쯧 차시며 '쓰고 후제 갚아라'

저승 갈 때 입고 갈 옷 보따리 속의 그 돈
나는 그 돈을 결국 갚지 못했습니다
당신은 정해 년 구월 스무 여드렛날
자식 무릎 위에서의 작별을 끝내 거부하시고
내화강에 반야용선이 떳다며 부랴부랴 길떠났습니다
이 세상 모든 미련을 훌훌 털어버리고 떠나갔습니다
애틋한 정만 남겨둔 채 훌쩍 떠나가시면 이제 이 자식은 어찌합니까?
당신이 손수 담아주시던 그 고봉밥이 그립습니다.
불효자는 회한에 바보천치처럼 웁니다.

—자작시 〈불효자〉 전문

아들 군대 보내기

아들아! 아버지는 말이다, 일당백의 2사단 출신인기라. 그래서 경례구호도 '당백'이라고 안했나. 너 '질풍노도'란 말 들어 봤제? 내가 나온 부대 이름이 바로 '노도부대'인기라, 이래봬도 100키로 행군할적에 81미리 포 다리 매고 광치령 그 험준한 산길을 진짜로 질풍노도처럼 넘었데이. 삼십 년 전 김일성이가 휴전선 밑에 있는 우리 부대 때문에 식겁 묵고 이때꺼정 몬 내리 왔다는 거 아이가. 그런데 시방 뭐라 캤노? '상근'이라 캤나? 그거 집에서 밥 묵고 군대생활 출퇴근하는 것 아이가? 그게 어디 군대생활이가 내사 마 그 꼴 못 본다. 얼른 현역으로 사원입대하거라? 너, 그때 의사 선생님이 해병대 가도 괜찮다고 안쿠더나. 우리 집 형편에 누가 밥해 먹이고 매일 용돈 줘 가면서 뒷바라지 할끼고?

"그렇잖아도 저도 그렇게 생각합니더. 그래서 친구하고 같이 동반입대 지원서 낼라고 생각합니더."

어느 날 대한민국의 아들이면 군대를 필히 갔다 와야 된다는 나의 신념어린 말을 듣고 자란 아들은, 신체검사 받는다고 창원으로 갔다.

갔다 와서는 변명쪼로 하는 말이, 평소 허리가 많이 아프다니까 군의관이 지정 병원 가서 MRI를 찍어서 다시 오라고 했다는 것이다.

허리가 아프다는데 부모입장에서 꾀병 부리지 말고 얼른 군대 가라며 등 떠밀어 보낼 수도 없었다. 집 가까운 '거제 백병원' 서 찍어보라며. 마지못해서 신용카드만 달랑 꺼내 주었다.

나이가 많은 것도 아니고, 새파랗게 젊은 놈이 찍어 보나마나 꾀병이 분명할진데, 돈만 아깝다는 생각이 들었다. 그러나 만약을 대비해서 아버지로서 원망은 듣기가 싫었다. 결과가 나온다는 날 같이 가 보자는 것을 아버지 지금 바쁘다며 혼자 갔다 오라고 했다. 그러고는 잊어버리고 있었는데 아들한테서 휴대폰으로 전화가 걸려왔다. 내용이 뜻밖이었다. 담당 의사가 보호자인 나를 보잖다는 것이다. 여러 가지 상상을 하면서 정형외과 문을 열고 들어섰다. 의사 선생님은 심각한 표정을 지으며 지금 아드님의 허리가 매우 위험한 상태라는 것이다. 물혹 같은 것이 척추를 눌러서 지금 수술

하지 않고 오래두면 뻗장다리가 될 수 있다고 했다. 손수 일어나서 뻗장다리 흉내를 내 보이면서, 더 정확한 것은 수술을 해봐야 안다며 잔뜩 겁을 주었다.

못 미덥기도 하고 솔직히 겁도 났다. 확실하게 대도시 큰 병원에 가서 한 번 더 검사해 보겠다며, 소견서와 관련 CD를 받아서 부산 고신의료원으로 갔다. 그곳에서도 역시 같은 '물혹이 척추를 눌린 상태' 진단이 나왔고, 할 수 없이 그날로 입원 수속을 밟고 수술할 날 까지 잡았다. 수술하는 날 침대에 누워 대기하는 아들과 썰렁한 농담을 주고받았다. 막상 손을 흔들며 웃으면서 수술실로 들어가는 아들의 눈을 똑바로 쳐다보지 못했다. 대기실 전광판 화면에는 수술대기 환자의 이름들이 마치 나를 위로라도 하려는 듯 깜빡이며 나타났다. 아들의 수술 예상 시간은 4시간이었다. '수술대기', '마취완료', '수술 중', '회복실 이동' 이라는 글자들을 이제 막 한글을 깨우치는 아이처럼 띄엄띄엄 읽어 보았다. 겉으로는 태연한 척 했지만 속마음은 한없이 불안했다. 솔직히 현대 의술에 대한 의구심도 들었고, 평소의 나답지 않게 가만히 앉아 있지를 못했다. 아니나 다를까, 예상 시간이 훨씬 지났는데도 아들은 나오질 않았다. 점점 초조해지기 시작했다. 영화의 한 장면처럼 수술실 앞을 안절부절 못하고 왔다 갔다 하다가, 급기야 세퉁 없이 닫힌 수술실 문틈으로 눈을 대고 안을 들여다보기까지 했다.

대기실에 모여 있던 다른 환자 가족들은 다 가고 혼자 남게 되었다. 다섯 시간이 지나고 여섯 시간이 지나가는 데도 소식이 없었다. 전광판에는 아들의 이름자 밑에 수술 중이라는 글자만 외롭게 점멸하고 있었다. 지나가는 간호사를 붙잡고 물어봐도 걱정하지 말고 기다리라고만 했다. 아들 앞에서 일당백의 용사라고 호기를 부리던 모습은 온데간데 없어지고, 한 사람의 평범한 보통 애비일 뿐이었다. 뒤에 안 사실이지만 수술이 예상외로 길어지니까 마취가 깨었고 그런 와중에 다시 마취를 해서 수술을 마무리 했단다. 오후 2시에 시작한 수술이 여섯 시간을 훌쩍 넘겨 오후 9시가 다 되어서야 나왔다. 아들은 나를 보더니 원망이 가득한 눈에 눈물이 글썽글썽 한 채 나를 쳐다봤다. 이런 상태인 줄도 모르고, 나는 평소 공부하기 싫어 꾀병을 부린다며 그의 말을 무시한 것이 너무나 후회스러웠다. 무정하고, 무식하고, 한 마디로 미련한 애비였다.

퇴원하면서 병사용 진단서 때문에 아들과 함께 의사선생님을 만났다.

"저어 선생님, 진단서를 어떻게 잘 좀…"

의사선생님은 아들 얼굴을 한번 슬쩍 쳐다보더니

"이 아이요? 해병대 가도 됩니다."

참 머쓱했다. 평소 그렇게 군대생활 한 이야기를 자랑하면서 군대 가라고 닥 달할 때는 언제고, 군대를 면제시켜 주면 안 되겠느냐는 식의 말을 했으니. 주워들은 정보로는 척추나 허리 디스크 수술을 받으면 보통 군대를 면제받는다고 알고 있었다. 그 당시 고위

공직자 아들의 척추디스크 사진이 진짜냐 가짜냐 하며 온 나라가 시끄러울 때였다. 그래서 별수 없이 담당의사 선생님의 진단서에 적힌 소견서 (상기 장병은 키 183센티 몸무게 80키로의 건장한 체격으로 해병대는 물론이고 공수부대 차출도 가능함)를 제출할 수밖에 없었다. 그런대도 아들은 '상근' 으로 영장이 나왔던 것이다. 아마 (척추수술 후 완쾌)라는 항목이 결정적 역할을 한 듯하였다. 그래서 내가 그 난리를 쳤던 것이다.

그 뒤 병무청에서는 아들의 자원입대 지원서를 일단 보류시켰고, 자체 서류심사를 다시해서 통보하겠다더니. 결국 아들은 아예 '공익' 으로 한 단계 더 강등시켜서 내려왔다. 결과적으로 군대에서는 기어이 못 받아 주겠다는 것이었다. 그렇다고 군 면제까지는 의사의 진단서를 존중해야 되겠고, 아마 허리라는 것이 보통 골치 아픈 데가 아닌 것은 분명한 모양이었다. 훈련받다가 허리가 삐거덕 해서 국군통합병원신세나 의가사 제대를 시킬 정도면, 이만 저만 국가적 손해가 아니니까 안받아준 것 같았다. 나의 아들 군대 보내기는 이제 끝났다. 사실 내 자신도 그 당시 군대생활을 아슬아슬하게 맞혔다. 고생을 얼마나 했으면 제대하면서 다시는 강원도 쪽 보고 오줌도 안 눈다며 막말까지 했을까. 그래놓고는 애비 역할도 제대로 못하면서 아픈 자식을 기어이 군대 보내서 사람 만들어 보겠다는 생각을 했으니…

아들은 시청 소속이다. '교통지도' 완장을 차하면서 능청스레 농을 건다.

"아버지는 이제 신이라예, 친구들이 내가 공익 받았다니까, 나를 신의 아들이라 쿠던데요!"

중 아저씨

우리는 종례를 마치자마자 우루루 교문으로 몰려 나갔다. 정량동 공동우물터를 지나 야트막한 고갯마루를 넘어 가다 보면, 제일먼저 같은 반 짝지 한양이가 사는 노랑 대문집이 보였다. 큰길 건너편에 서로 쩍금내기로 사서 갈라먹던 찐빵 가게 빵 냄새가 우리를 유혹했고, 태평탕 두 짝 유리문 중 유독 여탕이라고 쓴 글자에만 관심들을 가졌다. 보초가 서 있던 충무경찰서 유치장 담장 밑에 와서는 잰걸음으로 통과했고, 봉래극장, 명지병원, 위문당 서점의 네온사인 간판불이 하나 둘 켜지기 시작하는 도회지 밤거리를 눈을 휘둥그레 뜨고 나반 촌티를 내며 걸었다. 한일은행 지나 침술원이 있던 오행당 골목길을 접어들면서 부터는 우리들의 숫자는 점점 줄어들어, 둔덕에서 같이 유학 온

친구 정렬이가 하숙하던 서호동 해방다리가부터 혼자서 걸어가야만 했다.

두 볼이 유난히 붉은 면도사가 머리를 감겨주던 두룡국민학교 옆 이발관을 지나, 꼬불꼬불한 길을 빠져나오면 통영여고 정문 앞에 이르게 된다. 그 날도 여느 날처럼 피아노 소리가 양옥집 창문의 불빛과 함께 새어 나왔고, 무슨 곡인지도 모른 채 그저 황홀한 선율에 멍하니 듣고만 서 있었다. 곡목이 〈크시코스의 우편마차〉라는 것은 한참 세월이 흐른 뒤에야 알게 되었다. 에나멜 비닐구두를 예쁘게 신고 2인 삼각 경기를 하듯 딱딱 발맞추어 걸어가던 갈래머리 소녀들, 그들과 등하굣길이 언제나 반대였던 나는, 죄 지은 사람처럼 비켜서서 하얀 교복칼라가 스쳐지나가기를 기다렸었다. 은연중 그때의 피아노 소리와 갈래머리 소녀들의 모습이 뇌리에 각인되어 있었던지 훗날 딸을 통영여고에 보내게 되었고, 넉넉지 못한 살림살이에도 대학에서는 굳이 피아노를 전공시켰다.

복숭아 꽃향기를 맡으며 밭둑길을 부지런히 오르다보면 어느 듯 도릿골 좌측에 암자의 불빛이 보였다. 반갑게 뛰어와 안기던 천진한 어린 동생들, 지느러미도 제대로 제거하지 않은 명태 국을 끓여놓고, 목젖이 없는 숙모님은 코맹맹이 소리로 밥부터 먹으라고 재촉을 했다. 내가 중학교를 졸업하고 진학을 포기한 채 집에서 놀고 있을 때였다. 바랑을 매고 탁발 온 스님 한 분 계셨는데, 곡식을 시주받고도 바로 가지 않고 하던 염불을 끝까지 마치고 가더란다. 어머님이 궁금하여 “그래가지고 하루에 몇 집이나 돌겠수?”하자, 스님은 “누가 뭐래도 부처님의 가르침대로 탁발을 한다.”고 하더란다. 그렇잖아도 불심이 깊었던 어머니는 그 말에 감복하여 스님 절의 신도가 되었고 형제처럼 지내게 되었다. 그래서 내 처지를 안타깝게 여긴 스님의 배려로 생각지도 않았던 거제 섬에서 통영 도회지 고등학교에 유학을 가게 되었다.

그렇게 가고 싶었던 고등학교를 절에서 다니게 되었다. 절이라고 해야 도천동 도릿골 골짜기에 가정집을 개조한 슬레이트지붕 밑에 부처님을 모셔놓고, 대처승인 아저씨는 암자의 주인이자 주지스님이었다. 초파일날은 아예 학교를 결석하고 까까머리 그대로 동자승이 되어 스님을 도왔다. 신도 분들이 언제 이렇게 큰 아들이 있었냐며 스님에게 물었고, 그러면 “제 생질 놈입니다.”하고 일일이 변명하듯 설명을 하였다. 절에서 학교까지는 버스를 타고 가면 거리가 얼마 아니었지만, 버스를 타러 산에서 내려가고 또 버스에서 내려 학교까지 걸어가는 것도 보통 힘든 일이 아니었다. 그러나 무엇보다도 버스 탈 돈이 없었다. 그래서 일주일에 반 정도는 지각을 하게 되었고, 몸도 마음도 피곤하여 공부가 제대로 되지 않았다. 급기야 학교 근처에다 방을 옮겨 달라고 집에 가서 떼를 썼고, 방 얻어 줄 형편이 못 되었던 어머니의 눈물어린 설득에도 나는 끝끝내 자퇴를 하고 말았다.

중 아저씨(동생들과 그렇게 불렀다.)와의 인연은 사춘기의 내 인생에 커다란 영향을 미쳤다. 부처님 모셔놓은 옆방에 자면서 새벽마다 아저씨의 염불소리에 잠이 깨였고, 염불을 반복해 듣다 보니 자연적으로 불경을 외우게 되었다. 천수심경은 저절로 따라 할 정도의 불교가 내 영혼 깊숙이 자리 잡게 되었다. 그때 학교를 그만두지 않고 계속 다녔더라면 지금 쯤 나도 어느 절간에서 스님노릇을 하고 있을 런지도 모른다. 그러나 나의 학창시절은 통영시 인평동 우릇개 김씨문중묘가 있던 잔디밭 등에서의 봄 소풍이 마지막이었다.

군대를 갔다 오고 또 결혼을 하고, 그러고도 세월이 한참 흐른 뒤 도릿골 절로 한 번 찾아 간 적이 있었다. 중 아저씨는 일찍 세상을 떠나셨고 있어야 할 부처님도 어린 동생들도 어디에도 보이지 않았다. 장애인이신 숙모님만 홀로 빈집을 지키고 있었다. 흘러간 세월 탓이었을까? 숙모님은 나를 잘 못 알아보았고, 여전한 코맹맹이 말은 무슨 말을 하는지 도저히 알아들을 수가 없었다. 당시 일곱 살과 다섯 살이었던 기태와 도순이 남매라도 있었더라면 좋았으련만, 서먹서먹한 분위기 탓에 다시 들리겠다는 말만 남겨 놓고 산을 내려오고 말았다. 당연히 늙으신 숙모님을 다시 찾아가서 뵙고 보살펴드리는 것이 그동안의 도리일진데, 그러지 못하는 이 무심함이 중 아저씨에 대한 배은망덕은 아닐까?… 세월이 흘러갈수록 늘 마음속의 무거운 짐으로 남아 있다.

벽이 웃었나

절이라고는 삼배 밖에 해본 적이 없는

말 그대로 사이비 불자가

이래 봬도 까까머리 책가방들고 다닐 적에

촉망받던 상좌승 출신이었다고

통영 도릿골 슬레이트지붕 밑에서

우리 중 아저씨에게서 불도를 배웠노라고

천수심경쯤은 달달 외웠었다고

자랑처럼 노가리 풀고 다닌 적도 있었다

질곡의 삶을 살면서도 붓다를 잊지 않았고

오직 옴마니반매훔을 지상 최대의 진언이라 믿으며

아직도 마음 속으로 늘 외우고 다니는

그러므로 언제든지 머리 깍을 준비가 된

영원한 상좌승이라고,

벽이 씨익 웃었다.

—자작시 〈벽〉 전문

어머니의 고봉밥

아침이면 나는 호젓한 논길을 따라 어머니가 계신 집으로 문안을 갔다. 길을 걸으며 조용필의 노래 〈그 겨울에 찻집〉을 곧잘 흥얼 그렸다. 나의 18번 이기도 한 이 노래가 노래말도 좋거니와 나하고 어머니 사이에 그동안 있었던 일들과 연관이 있어, 더 애창곡이 되었는지도 모른다. 어머니께서 기거하는 방에는 장롱 하나가 달랑 놓여 있고, 그 옆에 텔레비젼 한 대가 전부였다. 그리고 언젠가 내가 어버이날 달아드렸던 카네이션 한 송이와 실에다 매달아 놓은 마른 유자가 아버지 영정사진 밑에 나란히 걸려 있었다. 어머니 손수 차려낸 아침을 먹고 난 뒤 두 사람은 연인처럼 다정히 커피를 마셨고, 그 노래 가사처럼 "마른 꽃 걸린 창가에 앉아 외로움을" 둘은, 외로움울 나누어 마셨던 것이다.

내가 사는 집은 외딴집이다. 소를 사육하다보니 소마구는 동네에서 멀리 떨어져야만 했다. 그래서 연로하신 어머니께서 자식 사는모습이 궁금하여 간간히 오실 때는 무척 힘들어 하셨다. 근래는 지팡이 대신으로 유모차를 밀고 오셨다. 유모차에 담아 온 호미를 들고 집안 여기저기를 둘러보며, '어휴! 이 풀들을 여개여개 봐서 좀 매지?' 하신다. 점심시간쯤에 노인네가 잔디밭에 엎드려서 잡풀 뽑는 것이 보기가 민망해서, 나는 일부러 '엄니 저 지금 읍네에 볼 일이 있어 나가는데 테워다 드릴테니 지금 갑입시더.' 하면, 힘들게 걸어갈 일이 걱정이 되시는지 할 수 없이 따라나서 곤 했다.

그러시던 어머니가 얼마 전에 세상을 떠나셨다. 이세상 모든 미련을 훌훌 털어버리고 떠나버리셨다. 그동안 둘만의 애틋한 정만 남겨 놓은 채… 떠나시던 날 이제 병원에서 퇴원하면 아들 집에서 같이 살자는 말을 했다. 다른 때 같으면 어림없다고 했을 텐데, 그날만은 가만히 듣고만 계셨다. 여러 가지 이유야 있었겠지만 평소 자식들에게 부담을 주기 싫어 하셨고, 특히 열일곱 나이에 아버지에게 시집와서 평생을 살아온 집을 떠날 수 없다는 것이 당신의 가장 큰 이유였다. 그 말 하고 온 날 밤에 갑자기 세상을 떠나실 줄이야! 나는 끝내 어머니를 내 집으로 모셔오지도, 마지막 임종도 지켜지 못한 불효자가 되고 말았다.

가족들의 슬픔 속에 어느새 어머니 사십구제까지 마친 일주일쯤 지난 어느날이었다. 우리 집 잔디밭은 계절따라 노란색으로 변해 있었고, 목련이 겨울 맞을 준비를 하느라고 잎을 떨구었다. 그 잎을 쓸려고 뜰로 나가보니, 잔디밭 여기저기 땅을 뒤진 흔적이 있었다. 자세히 살펴보니 두더지란 놈의 소행이다. 사방이 블록담인데 어떻게 들어왔을까? 요즘은 두더지도 귀할뿐더러 집 지은 지 십년 넘게 아직 이런 일이 없었다. 두더지는 해 떠오르기 직전에 활동한다는 말을 들은 것 같다. 어쨌던 잔디밭을 들쑤셔놓는 그놈을 내일은 기다렸다가 꼭 잡아야 되겠다고 마음속으로 단단히 벼렸다.

다음날 나는 생각과는 달리 늦잠을 자고 말았다. 허둥지둥 일어나 마당으로 나가 보니 잔디밭에는 새로운 흙무더기가 솟아 있었고, 그 흙무더기 위에 무서리가 하얗게 내려 있지 않은가, 아침햇살이 그것을 비추고 있었다. 순간, 살아생전 어머니가 나에게 담아주던 고봉밥이 연상되었다. 내가 요즘 누가 고봉밥을 먹느냐고 어머니에게 핀잔을 주면, 한창 때는 이보다 더 큰 보시기에 머슴밥을 먹지 않았느냐며 기어이 담아 주던 고봉밥이 거기에 있었다.

나는 쭈그리고 앉아 그것을 바라보며 하염없이 어머니 생각에 잠겼다. 잘 펴지지 않는 허리로 쉰 살이 넘은 아들에게 고봉밥을 담아 주면서, '나가 왜 이리 됐노! 나가 왜 이리 됐노!' 한탄하시던 모습과 어릴 적 보았던 닷마지기 그 큰 밭을 혼자서 매던 곧고 당차던 등허리는 어디로 가고, 내 집 잔디밭을 맬 때의 그 초라한 굽은 등 하며.

오늘 아침 두더지가 빌어올린 고봉밥 같은 흙무더기를 보면서 묘한 느낌이 왔다. 생전에 그랬듯이 혹시 어머니께서 먼길 떠나서도 내 집 뜰에 오셔서 아직도 못난 이자식을 걱정하지 않나 하는 생각이 들었다. 차마 나는 두더지를 잡을 수가 없었다.

장난으로 말해버린 어린 시절의 나의 꿈

초등학교 육학년 때 일이다. 졸업을 얼마 남겨 놓지 않은 어느 날, 담임선생님은 그 날 따라 평소에 하지 않던 엄숙한 표정을 지으며 목소리도 한 톤 낮추어서, "오늘은 여러분들이 정든 이 학교를 떠날 날도 얼마 남지 않았으니, 각자 미래의 꿈을 한 가지씩 이야기하기로 합니다 알겠습니까?" 그러고는 우리들의 약간 긴장한 얼굴을 즐기는 듯한 선생님의 지시로, 앞자리부터 차례대로 일어나 미래 자기의 꿈들을 한 가지씩 말하기 시작했습니다.

나는 커서 훌륭한 장군이 되겠다는 아이, 이 나라 대통령이, 발명가가, 여자아이들은 나이팅게일 등등… 아이들의 꿈을 하나하나 들을 때마다 선생님의 격려성 부연 설명이 세셨고, 뒷지리에 앉은 나는 짝지와 책상에 얼굴을 바짝 대고서, 다른 애들이 뭐라 뭐라 자기 꿈을 말할 적마다 마주보고 웃었습니다.

그때 뭐가 그렇게 우스웠는지, 그리고 옆 짝지에게 "너는 뭐라고 말 할래?"하고 살짝 물었습니다. 그런데 짝지의 말이 "나는 군인이 되고 싶다고 했다". 아니 멋진 별을 단 장군도 아니고, 그렇다고 훌륭한 군인도 아니고, 그냥 대한민국 남자면 누구나 되는 평범한 군인이 되고 싶다는 말에, 그렇지 않아도 다른 애들 얘기를 듣고 킥킥거리며 웃고 있었는데, 옆 짝지의 무미건조한 말에 내 딴에는 뭐 그런 꿈도 꿈이라고 말하나 생각했다.

평소 성격이 내성적이던 나는 그날따라 무슨 마음으로 왜 그런 말을 했는지. 나 자신 지금 생각해도 이해가 되지 않는다. 다음은 우리 차례가 되어 옆 짝지가 먼저 나에게 밝힌 대로, "저는 군인이 되겠습니다."하고 말했고, 그러자 선생님은 그 말이 끝나자마자 "그래 이 나라를 지키는 훌륭한 군인이 되 야지"하셨고. 나는 장난기 반 영웅심리 반으로 평소의 행동과 말과는 영 거리가 먼, 선생님을 당황하게 할 심산으로, 웃음이 금방 터져 나올 듯한 얼굴로 일어서서 한다는 말이, "저는 마 똥 퍼는 사람이 되겠심다." 이렇게 말하고는 털썩 주저앉았다.

순간 아이들은 일제히 나를 손가락으로 가르키며 까르르 웃기 시작했고, 나는 '아이고 선생님께 혼이 나겠구나.' 하고 자뭇 각오를 단단히 했다. 그런데 의외로 선생님께서는 아이들의 웃음이 진정될 때쯤, 한동안 지그시 감고 있던 눈을 떠시며, 처음보다 더 엄숙한 목소리로 "그래 똥도 열심히 퍼면 잘살 수 있게 될 것이야."

아! 이 무슨 운명의 장난이란 말인가? 혼날 줄 알았는데, 선생님께 은근히 혼나기를 바랐는지도 모르는데, 혼나기는커녕 선생님의 결혼식 주례사 같은 목소리로 격려의 말까지 들었으니. 장난으로 말한 것 이 진짜가 되고 말았다. 얼굴이 빨개진 나는 더 무참해졌고, 다른 애들 차례로 넘어가 버린 뒤, 내가 한 말이 훗날 두고두고 후회하고 또 하게 될 줄이야.

그때 그만 옆자리 짝지모양 훌륭한 군인이 되겠습니다, 라고만 했으면 지금쯤 군대에서 별을 단 장군이나 령관급 장교 내지, 최소한 상사 정도는 되었을 텐데, 육군에 입대해서 그렇게 장기 복무해보라고 인사계가 꼬실 적에, 못 이기는 척하고 도장만 찍었으면, 포상휴가 받아서 고향집에 다녀오고, 지금쯤은 내가 인사계가 되어서, 연병장을 어슬렁거리며 취사반으로 내무반으로 다니면서 무슨 지적 사항이 없나 하고, 금강역사와 같은 눈을 부라리며 폼을 재고 다닐 것인데, 그렇잖으면 좀 더 거창한 꿈을 말하여 "정치가가 되겠습니다."라고 했다면, 국회의원은 못되더라도 지금쯤 기초의원 정도라도 할 수 있었을지도 모르는데.

지금 생각하니 나의 운명은 그때 그 말 한마디가, 내 인생을 결정짓고 말았다고 해도 과언이 아니다. 그런데 더 아쉬운 것은 선생님이라도 살아 계시면, 스승의날 이나 어버이날 때 국산양주라도 한 병 사들고서, 왜 그때 저를 혼을 내서 "다시 한 번 말해 봐. 장난치지 말고"하지 않고, 그렇게 곧이곧대로 알아들었느냐고 따져 보고 싶었지만, 선생님은 벌써 저 세상으로 가버리고 없으니, 어디 하소연도 못할 처지다.

세월이 흘러 나의 아들놈이 내가 다니던 그 학교에 다니게 되었고, 학부형회의 때나 운동회 날 같은 때, 그 당시 내가 공부하던 교실을 보게 되는데, "너는 커서 무엇이 될래?"하던 담임선생님 얼굴이 떠오를 때마다 왠지 마음이 씁쓸하다.

그때 "똥 퍼는 사람이 되겠습니다."라고 한 말이 씨가 되었는지, 나는 지금 거창하게 말하면 축산업이고, 그냥 평범하게 말하면 소 몇 마리 기르며, 똥 퍼는 정도가 아니라, 아예 똥 구덕에 빠져서 살고 있다. 그 당시 13살짜리 소년이 장난처럼 한 말이, 지금에 내가 살아가는 일과 이렇게 딱 맞아떨어질 수 있을까? 신기하기만 하다. 그러나 천직이라 생각하고 주어진 운명대로 열심히 살고 있다. 그 당시 나의 담임선생님이었던 "김연" 선생님의 명복을 늦게나마 빌어봅니다. 참고로 옆 짝지였던 그 친구는 군대는 근처에도 안가고, 대체 복무 마치고는 지금은 외항선만 타고 있는데, 나만 왜 그때 말한 그대로인지.

김정순

1962년 경남 고성 출생. 《한국수필》(2002)로 등단. 창신대 문예창작과 졸업. 공저 《선으로 그린 시간》 외 다수. 한국문인협회, 한국수필가협회, 경남문인협회 회원. 거제문인협회, 동랑 · 청마기념사업회 이사. 《거제문학》 편집위원

E k-topaz@hanmail.net
H 010.8526.2913

서이말등대 가는 길

섬의 등대는 늘 혼자다. 사이좋은 연인처럼 한 쌍이 마주보고 서 있는 연안沿岸의 등대와 달리 섬의 등대는 홀로 있다. 또한 연안의 등대보다 크고 거칠다. 언덕 위 또는 가파른 절벽 위에 서서 사방에서 불어오는 거친 바람을 홀로 버텨내야 하기 때문이다. 보이는 것은 바다요 찾아오는 이 물새뿐이니, 지독한 외로움 또한 홀로 견뎌내야 할 탓도 있을 게다. 반면 연안의 등대는 부두의 위치나 배들이 다닐 바닷길에 따라 오른쪽엔 하얀색, 왼쪽엔 빨간색 등대가 대부분 한 쌍으로 마주 서 있다. 더러는 작은 배들이 다니는 바닷길을 알려주는 노란색 등대와 함께하기도 한다. 비교적 사람들과 가까운 방파제 끝에서 서로 바라보며 함께 나누니 덜 외로울 것이다.

와현 고갯마루에서 이정표가 가리키는 방향을 들머리로 바다를 오른쪽 옆구리에 끼고 안으로 들어간다. 적당히 불어주는 해풍과 바다가 품고 있는 섬들이 풍경화가 되어 눈도 가슴도 즐거운 발걸음이다. 십여 분가량 안으로 들어가니 석유비축기지와 서이말등대 가는 길로 나뉘는 초입에 초소가 있다. 경비원이 가는 방향을 묻는다. 등대로 간다니 길을 열어주며 잘 다녀오란 인사를 건넨다. 길이 아름다운 것은 열려있기 때문이라는 말이 떠오른다.

낯선 풍경에 대한 기대와 설렘을 안고 숲길로 들어선다. 세상의 속도를 잠시 내려놓고, 자연의 속도에 맞추어 볼 요량으로 운동화 끈을 느슨하게 고쳐 맨다. 초입부터 매미의 환영이 요란하다. 그뿐이 아니다. 산새소리 풀벌레소리에 바람소리도 화음을 넣는다. 그 어떤 음률이 이보다 더 아름다울 수 있으랴. 인적 없는 한적한 숲길에 길벗 되어 함께하는 소리가 있으니 발걸음도 박자를 맞추듯 가벼워진다. 숲이 내어주는 그늘에, 목덜미를 훑고 가는 바람까지 있으니 아쉬울 게 없다.

서너 명이 도란도란 정담을 나누며 걷기에 더 없이 좋은 오솔길이다. 숲 뒤편에 숨어 있는 바다를 곁에 두고 걷노라니 사뭇 설렌다. 언제쯤, 어떤 표정으로 바다가 모습을 드러낼지, 한걸음 한걸음이 기대감으로 가볍다. 우거진 나뭇가지 사이로 들어오는 햇살이 발걸음을 옮길 때마다 반짝반짝 나뭇잎 그림을 그린다. 숲과 나무와 햇빛이 만들어 내는 빛깔이 그 어떤 채색보다 매혹적이고 아름답다. 소소한 일상에서조차 조급증에 시달렸던 몸과 마음을 띄엄띄엄 떼어놓는 여유를 준다. 내안의 상념들이 사라진다. 무념무상의 순간, 정지된 시간이다.

이십여 분가량 걸었을 즈음, 갈림길이 나타났다. 그대로 직진하면 서이말등대와 공곶이, 오른쪽 숲길을 오르면 봉수대가 있음을 알리는 이정표가 서 있다. 갈림길에 서서 길을 나설 때의 목적은 잊고 잠시, 고민에 빠진다. 어느 길을 택하든 가지 못한 길에 대한 아쉬움과 미련은 남을 터. 산에 들면 세속의 문답법을 버리게 된다던 시인의 말을 떠올리며 다시 앞으로 나아간다. 바람결을 따라 가만가만 흔들리는 나무를 바라보고, 무심히 흘러가는 구름을 따라 가면 될 일이다. 다른 무엇을 가늠하고 생각하고 할 필요가 없는 것이다.

길섶 눈에 띄는 곳에 '야생동물주의' 표지판이 있다. 무심코 글자 위쪽에 그려진 멧돼지 눈빛과 마주치자 신경이 곤두선다. 자연의 소리에 묻혀 지금껏 들리지 않던 내 발자국 소리가 크게 들린다. 사방을 둘러보아도 보이는 것은 울창한 숲, 사람은 보이질 않는다. 석유비축기지와 군사시설로 인해 일반인의 통행이 제한되었던 터라 덜 알려진 탓일까. 거제도의 다른 명소에 비해 드나드는 이가 많지 않다. 사람의 손길이 덜 미친것이라던가, 국가시설물로 인해 보호 받는 등 여러 이유들로 인해 자연생태계가 비교적 잘 보존되어 있는 곳이다. 소나무, 동백 등 빼곡히 들어찬 천연림을 비롯해 고라니 너구리같은 산짐승들이 많이 살고 있기도 하다. 더러 자동차에 치어 죽기도 한다니 그 숫자를 짐작할 수 있을 것 같다.

갈림길에서 얼마쯤 걸었을까. 숲이 사라지고 느닷없이 푸른 바다가 눈앞에 나타났다. 나아가는 걸음만큼씩 숲은 뒤로 밀려나고, 숨어있던 바다가 불쑥 다가온 것이다. 바다가 품고 있던 섬들이 보이고, 길이 끝나는 언덕배기에서 서이말 등대가 하얀 얼굴로 반긴다. 내도와 외도, 해금강과 지심도, 그리고 갈매기 섬으로 유명한 홍도……. 날씨가 특히 좋은 날은 대마도까지도 조망할 수 있단다. 부서져 내린 햇살과 쪽빛바다와 섬, 그것들을 바라보고 서 있는 하얀 등대가 어우러져 절경을 연출한다. 또한 섬과 섬 사이를 유영하듯 옮겨 다니는 유람선과 그 유람선이 다니면서 만드는 하얀 바닷길도 풍경이 되고 그림이 된다. 마치 자연이 나에게 선물하듯 그려내는 풍경화에 눈을 뗄 수가 없다.

한 시간 남짓 숲길을 걸어, 길이 끝나는 언덕배기에서 만나는 원통의 하얀 등대가 서이말등대이다. 서이말鼠㖯末은 불쑥 튀어나온 곶串으로, 그 모양이 마치 쥐의 입과 같다 해서 지명이 유래되었다고 한다. 10초마다 한 번씩 20마일(37㎞) 밖에서도 볼 수 있도록 불빛을 보내, 오가는 배들에게 바닷길을 알려주고 있다. 세 명의 등대원이 근무하고 있는, 거제도 유일의 유인有人등대이기도 하다.

바다에 노을이 물들고 어둠이 내리면, 등대는 또 다시 불을 밝히

고 바다를 향해 위로의 메시지를 보낼 것이다. 밤바다에 떠 있는 섬과 배 그리고 사람에게도 희망이 되고 따뜻한 위로가 되어줄 것이다. 밤바다를 가로질러 등대가 보내오는 메시지를 부디 잘 받으시라. 그리곤 빨갛고 하얀 누군가의 등대가 되어, 날이 밝기 전에 서둘러 그에게로 보내도 좋지 않을까.

북만주기행

그곳이 어디든, 목적이 무엇이든 여행은 언제나 설렘으로부터 시작된다. 4박 5일 일정으로 북만주기행을 떠나는 날이다. 암울했던 시대로 인해 만주로 이주해야했던 청마의 삶의 궤적을 좇아가는 여정이다. 특히 청마의 세 따님과 두 외손녀도 동행하는 터라 특별한 의미가 있는 셈이다. 고령임에도 불구하고 공항에서 만난 따님들은 세월을 당시로 되돌리기라도 한 듯, 기운이 넘쳐 보였다. 아버지와의 추억이 있는 곳으로 떠난다는 설렘이 세월을 무색케 하는 열정을 불러왔으리라. 그 열정에 전염된 것일까. 이륙하는 비행기를 따라 내 마음도 하늘을 향해 날아오른다.

용정으로 향하는 오월 한낮의 연길은 우리나라의 이월을 연상케

하는 기온이다. 복사꽃 연분홍 꽃잎 사이로 흩날리는 진눈개비가 비현실적인 느낌을 준다. 용정으로 가까이 갈수록 진눈개비는 비가 되고, 비는 물안개가 되어 따라온다. 용정은 박경리 소설 《토지》의 무대이자 윤동주 시인의 생가와 묘지가 있는 곳이다. 윤동주시인의 묘소참배는 내리는 비로인해 중도에서 포기하고, 북한의 회령시가 훤히 내려다보이는 삼합으로 발길을 돌렸다.

전망대에서 내려다보는 회령시의 풍경은, 흑백사진의 추억처럼 아련함으로 다가온다. 비를 머금은 산비탈엔 진달래 꽃빛이 붉다. 우리나라의 진달래꽃과 다를 바 없는 모양이고 빛깔이다. 이념이 다른 공간속에 존재하나 자연은 같은 순리를 따르고 있음이 아닌가. 무거워지는 상념을 한숨으로 토해내고, 꽃빛을 따라 산비탈을 내려오는 시선 끝에 흘러가는 강물이 보인다. 두만강물이 지척에서 흘러가고 있다. 저 강물을 따라 흘러가면, 푸른 강물 위에서 노를 젓고 있는 뱃사공을 만날 수 있을까. ♬두만~강 푸른 물에 노젓는 배~사~~공…♬ 노랫소리가 들리는 듯하다.

갔던 길을 되짚어 나오는 사이, 빗발은 조용히 잦아들고 솔숲사이로 햇살이 스민다. 명동촌 윤동주시인의 생가를 찾았다. 시인의 생가임을 알리는 입간판이 비에 젖은 채 일행을 맞는다. 방문 앞에 걸린 액자 속 빛바랜 사진 몇 장이 정지된 시간을 끌어안고 집을 지키고 있다. 적막감에 젖어 먼지 쌓인 툇마루에 기대 앉아, 죽는 날까지 한 점 부끄럼 없이 우러러 보길 소망했던 시인의 하늘을 바라보았다. 시인의 눈썹에 파란 물감을 들이던 하늘엔, 시인이 노래하던 별들은 보이지 않고 슬픔처럼, 그리움처럼 안개비가 촉촉이 내리고 있다.

백두산과의 만남으로 다음날 일정이 시작됐다. 지난밤부터 내린 눈으로 온통 하얀 세상이다. 백두산을 향해 오르는 길은 곧게 뻗은 미인 송과 자태고운 자작나무가 숲을 이루고 있다. 축복처럼 내려앉는 흰 눈 속에서 그것들은 사뭇 유혹적이기까지 하다. 마치 러시아 영화의 한 장면을 옮겨놓은 것 같은 멋진 풍경에 여기저기서 탄성이 흘러나온다. 눈길을 걷고 셔틀 버스와 지프를 번갈아 타며 오른다. 허나 그것도 잠시, 지난밤부터 내리기 시작한 눈으로 백두산 천지 출입이 통제되어 걸음을 멈춰야 했다. 설렘의 탄성이 실망의 탄식으로 바뀌는 순간이다. 눈으로 뒤덮인 특별한 천지를 보게 될 것이란 가이드의 말에 지나친 기대를 하는 게 아니었다. 아쉬움으로 두 다리가 풀리는 느낌이다.

백두산 천지를 향한 아쉬움으로 쉬 떨어지지 않는 발걸음을 장백폭포를 향해 옮겼다. 흩날리는 눈발을 헤치고 발목이 푹푹 빠지는 눈밭을 걷자니, 천지에 대한 미련은 금세 사라진다. 아름다운 설경에 매료되어 눈밭을 이리저리 뒹굴고 환호하며 벅찬 감정을 풀어놓는다. 이곳에서 본 멋진 풍경을 하나 둘 반추하는 것만으로도, 남은 생은 행복할 것 같다는 누군가의 들뜬 감상이 그만의 것은 아닐 게다. 하산 길의 온천욕과 온천수로 삶은 계란 맛도 잊을 하얼빈 거리를 걷다보니 '중국 속의 러시아', '동양의 모스크바'로 불리는 것에 고개가 끄덕여진다. 19세기 말 러시아인들이 철도를 건설하면서 생겨난 도시여선지, 눈에 보이는 건물들이 하나 같이 이국적인 분위기다.

수 없는 추억으로 남으리라.

저녁식사를 마치고 하얼빈 행 기차에 몸을 실었다. 연길에서 하얼빈까지는 무려 11시간이나 걸리는 긴 여정이다. 전신을 움츠러들게 하는 추위와 가눌 수 없는 피곤함 사이에서, 졸다 깨다를 반복하는 길고 지루한 기다림 끝에 드디어 하얼빈에 도착했다. 한꺼번에 쏟아져 나온 수많은 인파에 떠밀려 밖으로 나오자, 청마 흔적찾기의 안내를 맡은 서여명 교수가 일행을 반긴다. 그는 '청마유치환의 북만기행 시'로 제2회 청마연구상을 수상했다. 한족인 그와 청마의 첫 만남은 작품을 통해서가 아니라, 학술답사 차 찾은 청마기념관에서, 그곳에 전시된 전시물을 통해서였단다. 그래서 청마는 자신에게 추상적인 존재가 아니라 늘 인간적이고 구체적인 모습이라고, 청마연구를 하게 된 것도 이와 무관치 않다고 수상소감에서 밝힌 바 있다. 이러저러한 인연으로 먼 길 마다 않고 달려와 안내를 자처한 것이다.

청마의 작품 무대를 찾아 그의 흔적을 좇는 일정이 시작됐다. 극락사, 우크라이나 사원, 도리공원을 차례로 방문했다. 극락사는 동북 3성 가운데 가장 큰 불교 사찰로, 우리에게는 청마의 시 〈극락사〉로 잘 알려진 곳이다. 러시아정교회, 우크라이나 사원 뒤에는 우크라이나인들의 묘지가 있다. 죽는 순간까지 조국을 그리워했던 그 마음을 기려 조국이 있는 방향을 향해 십자가를 세웠다고 한다. 청마의 〈우크라이나 사원〉이란 시는, 그들의 조국애에 자신의 조국애를 빗대 쓴 작품으로 알려져 있다. 하얼빈을 일컬어 '나라 없는 사람들의 도시' 라 했던 청마가 그들을 통해 새삼 느꼈을 동변상련의 아픔을 짐작케 하는 대목이다.

하얼빈 거리를 걷다보니 '중국 속의 러시아', '동양의 모스크바'로 불리는 것에 고개가 끄덕여진다. 19세기 말 러시아인들이 철도를 건설하면서 생겨난 도시여선지, 눈에 보이는 건물들이 하나 같이 이국적인 분위기다. 러시아 어디쯤에 와 있는 것 같은 착각을 불러일으킨다. 국적도 다양한 수많은 인파가 오가는 거리가 중국이라는 사실을 잊게 한다. 오후의 햇살이 퍼진 거리를 세 따님들의 추억담을 들으며 걷는다. 60여 년 만에 다시 와서 아버지와 함께했던 추억을 떠올리느라 따님들의 발걸음은 멈출 줄을 모른다. 여든이 넘은 고령임에도 불구하고 지친 기색도 전혀 없다. '생애 꼭 한 번 와보고 싶었던 곳' 에서의 시간이니 어찌 발걸음이 가볍지 않을 수 있으랴. 중앙대로를 한걸음에 스쳐 한가롭게 유람선이 떠가는 송화 강가에 섰다. 오후의 태양이 느린 물결을 타고 천천히 흘러가고 있다. 저 물결 속에는, 60여 년 전 청마의 시간과 따님들의 오랜 그리움의 시간이 만나 함께 흘러가고 있는 건 아닐까. 두런두런 아버지와 딸들이 나누는 얘기 소리가 들려오는 것 같다.

연수현에서 청마의 흔적을 찾는 일정으로 채워진 날이다. 끝없이 펼쳐지는 광활한 만주벌판을 세 시간 가량을 달려 연수현에 도

中国人寿保险股份有限公司
欣乐康药店
迎宾旅店

착했다. 미리 방문을 알린 조선족중학교에 도착하니, 한복 차림의 학생들이 선생님들과 함께 일행을 반긴다. 운동장 가득 울려 퍼지는 북한노래 〈반갑습니다〉를 듣고 있으려니, 흡사 북한 땅 어딘가에 와 있는 것 같은 착각이 든다. 준비해간 책과 학용품, 생활용품 등을 기증하고 장학금을 전달했다.

청마가 7년의 만주 생활 중 대부분인 6년을 보냈던 가신진 부민촌으로 향했다. 작은 흔적 하나라도 찾을 수 있기를 바라는 기대를 품은 채 차에서 내렸다. 60년대 우리나라 농촌의 모습을 닮은 작은 시골 마을이다. 셋째따님의 초등학교 후배인 70대 노인과 연락이 닿아, 따님들의 기억과 노인의 기억을 지도 삼아 청마가 관리했다는 정미소를 찾아 나섰다. 하지만 오랜 세월의 흐름으로 많은 것이 바뀌고 사라져, 기억 속에 존재하는 그곳은 어디에도 보이지 않는다. 따님들이 다니던 학교도, 정미소도, 토성도 흘러간 세월 속으로 사라져버린 것이다. 따님들의 가슴 속에 남아 있는 풍경들을 불러내어 당시를 추억하는 것으로 만족해야 했다. 찾을 수 없는 것에 대한 아쉬움보다는, 이곳까지 와 당시를 추억하는 것만으로도 행복하다며 따님들은 소녀처럼 웃는다. 다시 볼 수 있기를 바랐던 그곳의 풍경들은 스러지고 없지만, 그들의 가슴속에 간직된 기억은 세월도 어쩌지 못하는 것으로 영원하리라.

기억되어져야 할 것들은 오래될수록 더 빛을 발한다는 말이 있다. 그런 힘에 끌리어 떠났던 북만주기행이다. 눈앞에 드러나는 자취는 비록 찾을 수 없었지만, 세 따님들과의 동행으로 청마의 인간적인 삶에 대한 추억을 공유하고 나누었던 여정旅程이다. 깊고 큰 울림으로 오래 기억될 것이다.

돌연변이

관음죽 꽃이란다. 화분에 물을 주다

처음 꽃을 발견했을 땐, 벌레가 기어 나오는 줄 알고 깜짝 놀랐다. 자세히 보니, 껍질을 막 벗고 나오는 애벌레 같은 모양새를 하고는 있지만 벌레는 분명 아니다. 처음엔 벌레로, 나중엔 열매로 착각했던 그것은 관음죽 꽃대가 올라오는 중이었다. 벌레도, 열매도 아닌 꽃이 피는 중이란 걸 알게 된 건, 꽃이 피고도 일주일쯤 지나서다. 일주일 사이에 꽃대가 서너 개 더 나왔을 즈음, 화분에 물을 주고 있는 남편에게 물었다. 전혀 모르겠다는 표정이더니 컴퓨터를 켠다. 인터넷 검색창에 질문을 올리자마자 관음죽 꽃이라는 이름을 단 사진들이 모니터 가득 펼쳐진다. 최소 십오 년에서 이십 년생은 되어야 꽃을 피우는데, 그마저도 여의치 못한 경우가 더 많단다. 집들이 선물로 받고 이십여 년을 키웠지만, 꽃을 보는 것도, 꽃을 피운다는 사실을 안 것 또한 처음이니 그저 신기하고 놀라울 뿐이다.

화분 앞에 쭈그리고 앉는 일이 잦다. 꽃이라는 것을 알았음에도 불구하고, 생김새 탓에 여전히 꽃보다는 열매라는 인식이 앞선다. 하지만, 연둣빛에서 짙은 초록빛으로 변해가며 작은 꽃잎을 여는 그것을 바라보는 재미가 제법 쏠쏠하다. 다리가 저리도록 쭈그리고 앉았노라면, 새삼 자연의 오묘한 섭리에 경이로움이 느껴져 감탄사를 토해내기도 한다. 꽃이라는 느낌도, 예쁘다는 느낌도 전혀 없지만, 그것을 피우기 위해 보낸 기다림의 시간을 헤아리면, 함부로 무시할 수 없는 그만의 아름다움이 느껴져 새삼스러워진다.

게다가 관음죽 꽃이 피면 행운이 온다는 속설이 있음을 알고는 더 마음이 가는 것도 사실이다. 동글동글 열매 같은 꽃망울 하나하나에 행운이 숨어있기라도 한 걸까. 은근히 기분이 좋아지는 것은 물론이고, 한술 더 떠 어떤 행운이 생길까, 내심 이런 저런 기대도 하게 됨을 숨길 수가 없다. '반드시' 라는 확신이 없어도, 속설에 기댄 채 예고된 행운을 기다리는 마음은 설렘으로 출렁이고, 그 설렘의 잔물결은 행복감에 젖게 한다.

'행운' 하면 가장 먼저 네 잎 클로버가 생각난다. 풀밭에서 우연히 발견한 네 잎 클로버 하나에 얼굴가득 웃음이 번지고, 종일 가슴 뛰는 설렘으로 보냈던 내 기억 속에도 행운이라는 속설이 존재

한다. 네 잎 클로버의 꽃말은 '행운'으로 알려져 있다. 나폴레옹이 전쟁터에서 네 잎 클로버를 발견하고 허리를 숙이는 순간, 총알이 스쳐지나갔다는 일화에서 꽃말이 유래되었다고 한다. 대부분의 클로버는 이파리 수가 세 개다. 네 잎 클로버는 돌연변이인 셈이다. 그런데 우연히 발견한 이 네 잎의 클로버가 신기해서 눈길을 준 것이, 나폴레옹에게 생과 사를 바꾸는 행운으로 작용했던 것이다.

하지만 클로버의 본래 꽃말은 행운이 아니라 행복이다. 정상적인 세 잎의 클로버는 행복이고, 돌연변이 네 잎의 클로버가 행운이다. 돌연변이란 단어가 주는 의미에서 알 수 있듯, 행운이란 노력해서 얻어지는 것이 아니라 우연히 찾아오는 것이다. 그것도 어느 순간 불시에 찾아온다. 다른 사람 것이 될 수도 있었던 그것을 손에 쥐고도, 더 가지기 위해 욕심을 낸다면 그 순간 불행이 된다. 하나의 네 잎 클로버를 찾기 위해서, 수많은 세 잎 클로버를 짓밟는 우愚를 범하게 되는 것이다. 하지만 그것을 기꺼이 나누는 순간 행운은 행복으로 바뀐다. 행운의 네 잎에서 하나를 떼어내 보자. 하나를 떼어내는 순간 행복의 세 잎 클로버가 되지 않는가. 내게 찾아든 행운을 행복으로 바꾸는 비결이란 것도 알고 보면, 네 잎 클로버 잎을 하나 떼어내는 것처럼 쉽고 간단할 수도 있는 것이다. 이처럼 행운은 불행이 될 수도 있고, 행복이 될 수도 있다. 어느 것으로 바꾸어 가지느냐는 순전히 자신의 몫인 셈이다. 행복이란 흔히고 평범한 일상 속에 존재한다. 그렇기 때문에 마음먹기에 따라 쉽게 내 것으로 만들 수 있는 것이기도 하다.

꽃망울이 잠에서 깨듯 잎을 열 때마다, 행운이 저벅저벅 큰 걸음으로 가까이 다가오는 듯 가슴이 설렌다. 어쩌면 이 행복한 설렘이 지금 내가 기다리고 있는 행운, 관음죽 꽃이 내게 보내온 행운의 다른 얼굴이 아닐까. 스치는 생각만으로도 행복해지는 순간이다.

길 위에서

뱃고동 소리가 몇 초 간격으로 길게 세 번 이어진다. 유영하듯 나아가는 객선客船 뒤로 하얀 바닷길이 눈부시다. 시원하게 열리는 바닷길을 배경으로 카메라 렌즈를 고정시킨다. 최상의 순간을 잡기위해 마지막 점검을 하는 순간, 배경이 바뀌었음을 알고 놀란다. 바닷길이 사라지고 없는 것이다. 렌즈가 고정된 지점으로 고개를 돌려보니, 파도가 흔적 없이 길을 지우고 있다. 경쟁이라도 하듯 배는 길을 만들며 나아가고, 파도는 곧장 달려와 지우기를 반복한다. 파도가 지운 탓인가. 오랜 세월 수 없이 많은 배들이 다닌 바다 어딘가에, 잘 닦인 길 하나쯤 있을 법도 하건만 아무리 찾아도 보이지 않는다.

섬을 향해 떠나온 지 한 시간 여 지났을까. 물안개가 내리는 섬이 환상처럼 모습을 드러낸다. 교회의 뾰족탑이 그림처럼 우뚝 솟은 마을 곳곳에, 환영의 플랜카드처럼 물안개가 걸려있다. 비탈길을 올라 행사장인 교정校庭으로 들어서자, 팔손이 무성한 잎들이 다투어 반긴다.

물안개가 내리는 바다를 배경으로, 뭍에서 온 시인들과 섬 아이들이 함께하는 시詩낭송회가 시작되었다. 시인들의 섬 시 낭송과 섬 아이들의 갯내 나는 자작시가 낭송되는 내내, 시의 행간 곳곳에선 파도소리가 끊이질 않는다. 초대시인과의 만남 순서로 이어지면서, 자신의 삶을 올올이 풀어내는 시인의 이야기는 갈매기가 되어 파도를 탄다.

문학의 길을 가면서 빛나는 청춘의 날들을 공사판에서 등짐을 지고, 달동네 굽이진 비탈길에서 리어카를 끌어야 했지만 행복했노라 회상한다. 지금의 생활 또한 별반 나아지지 않았지만, 단 한 번도 문학 이외의 길을 곁눈질 해본 적이 없었단다. 그럴 수 있었던 건, 문학이란 것이 자신을 미치게 만들었기 때문이라고 고백한다. 그래서 돌아보는 지나온 길이나, 나아갈 앞으로의 길이 같을 수밖에 없다고 다짐처럼 말하는 것이다. 또한, 원하는 길을 가지 못할 때의 삶이란 죽음과 다를 게 없지 않겠느냐고 반문한다. '무엇에든 미치면 어떤 일도 해낼 수 있다.' 는 시인의 체험에서 우러난 마지막 결론의 말은 깊고 긴 울림이 되어 나를 흔든다.

가슴에서 메아리가 되어 다시 울려나오는 소리. 그 소리가 나를 향해 질문을 던진다. 무엇에 미쳐본 적이 있었느냐고. 그럴 만큼 절실한 무엇이 있었느냐고. 기억을 더듬어 지나온 길을 되짚어 보지만 뚜렷하게 잡히는 게 없다. 절실한 게 없었기에 치열하게 산 흔적 또한 찾을 수 없는 것인가. 다시 돌아보아도 동행자가 된 남편의 길에 얹혀, 무심히 지나온 내가 보일 뿐이다. 남편과 아이들이 바라보고 걷는 방향으로 발자국이 남지 않는 그림자가 되어 걸어온 셈이다.

다른 어떤 길보다 사랑했기에 지금껏 다른 길은 꿈꾸지 않았다. 또한, 정해진 틀 속에 나를 맞추며 사는 것이 편하고 자연스러웠기에, 스스로 틀을 만들며 살 생각을 하지 못한 건지도 모른다. 그것이 지금까지 나를 살게 한 길이었고, 앞으로도 내가 살아가야 할 길임엔 변함이 없건만, 가진 적 없는 길을 새삼 잃어버리기라도 한 듯, 주저앉고 싶게 허전한 기분이 드는 건 무엇 때문인가.

깊은 어둠에 잠긴 밤바다에 깜박이는 집어등 불빛 서넛, 파도를 탄다. 흔들리는 불빛을 따라 내가 흔들리고, 어질한 어지럼증 끝에 꿈을 꾼다. 내가 만든 길 위에 서 있는 꿈, 내 길을 만들며 나아가는 꿈을…. 새벽은 더디고 꿈은 오래 계속되었다.

토닥토닥 창을 두드리는 빗소리에 잠에서 깬다. 섬을 깨우는 굵은 빗줄기와 짙은 물안개로, 아침을 맞은 섬이 부유浮遊하는 듯 착각을 불러일으킨다. 부유하는 것이 섬이 아닌 나라면 어떨까. 순간, 달콤한 유혹이 나를 휘감는다. 물안개든, 비바람이든 섬의 무엇이면 어떠랴. 빌미되어 나를 며칠쯤 섬에 묶어두는 것이면 그게 뭐든 무슨 상관인가. 일탈을 향한 유혹이 너무도 강렬하고 달콤하게 나를 흔든다.

유혹에서 도망치듯 마주보이는 능선으로 시선을 돌린다. 어디서부터 시작된 것인지 알 수 없는 길들이, 산 아래로 앞서거니 뒤서거니 내려오고 있다. 더러는 마을을 향해 곧장 내려오고, 더러는 바다로 향하고, 더러는 길과 길이 서로 만나기도 한다. 실핏줄처럼 서로 이어져 내려오는 무수한 길들 모두가 어딘가를 향해 있다.

하지만, 섬의 길들은 절대로 섬 밖으로 나가지 않는다고, 내 시선을 좇아온 어느 시인이 귀띔을 한다. 어딘가를 향해 줄곧 나아가고 있지만, 결국엔 서로 만나게 돼는 게 섬에 나 있는 길의 특징이라고 일러준다. 어느 길이던 한 방향으로 계속 따라가다 보면 결국 처음의 그 자리로 돌아오게 되어 있는, 결코 섬을 떠날 수 없는 길들이라고.

아무리 오랜 세월 후에 만나도 핏줄은 서로를 당기기 때문에 알아볼 수 있다고들 한다. 어쩌면 섬의 길들도 그런 게 아닐까. 인간사의 핏줄 같은 것. 그래서 그토록 많은 길들이 서로 얽히고 각기 다른 방향으로 나아가도, 하나로 연결될 수 있는 게 아닌지.

갑자기 온몸에 소름이 돋는다. 나와 이어진 핏줄들이 보내는 신호인가. 오소소 몸에 돋는 소름만큼이나 갑자기 그들이 보고 싶다. 섬에 도착해 지금껏 내 머릿속에서 떠나 있던 그들의 안부가 궁금해지는 것이다. 집을 나서면서 다시 돌아오는 순간까지 잠시 내 의식 밖에 두고자 했던 그들이다. 돌아가면 다시 나의 삶이 되어야 할 그들이기에, 아무런 가책 없이 머릿속에서조차 떠나 있게 했던 것이다. 일탈을 부추기는 유혹이 아무리 달콤하고 강해도, 결국엔 돌아가야 할 나의 자리에서 그들이 보내는 신호를 막진 못했나 보다.

마음이 조급해 진다. 조급한 마음이 어느새 부두로 내닫는다. 해안선을 되돌아 부두로 나오는 사이, 빗발은 가늘어지고 안개는 많이 엷어졌다. 엷어지는 안개 사이로 부두가 드러나고, 부두 끝엔 먼저 도착한 객선이 보인다. 배에서 내린 녹슨 사다리 하나가 물결을 따라 흔들리며, 섬과 뭍을 이어주는 길이 되고 있다.

뱃고동 소리가 들린다. 길게 세 번을 연속해서 뱃고동 소리가 이어진다.

들꽃을 닮은 얼굴

아침이면 늘 까치발을 하고 부엌 창가를 서성인다. 집을 나선 딸아이가 잠시 후 모습을 보이고, 거의 동시에 길 저쪽에서 모퉁이를 돌고 있는 스쿨버스가 눈에 들어온다. 애교와는 거리가 먼 딸아이는, 내려다보고 있는 나를 못마땅해하며 고개 한 번 돌리지 않고 차에 오른다. 떠나는 버스 꽁무니에 대고 눈을 흘겨주곤 이내 시선을 거두어 다른 곳으로 향한다.

서둘러 거두어들인 시선은 어느새 길 건너 텃밭을 향해 있다. 아침햇살이 가득하다. 앞다투어 잠을 깨는 소리들로 소란스런 텃밭을 보면서 내 마음도 덩달아 부산해 진다. 간밤의 안부를 묻느라 내 눈은 벌써 배추이랑을 지나고, 고구마이랑을 지나 텃밭 구석구석을 훑고 있다. 딸아이 때문에 생긴 좀 전의 서운함 따윈 이미 마음을 떠나고 없다. 어쩌면 처음부터 딸아이 배웅보다 텃밭에 더 관심이 있었는지도 모른다.

호박넝쿨이 뻗어나간 길섶으로 눈에 익은 붉은색 오토바이가 보인다. 새벽마다 텃밭 주인을 태우고 오는 오토바이다. 풋고추가 통통하게 여물어가는 고추이랑에서, 흰 타월을 목에 두른 아저씨가 보인다. 한쪽 팔이 없는 그는 입에 문 비닐봉지 속으로 열심히 풋고추를 따 넣고 있다. 아침식탁에 오를 찬거리를 준비하는 것일까. 직접 가꾼 싱싱한 채소들로 풍성하게 차려진 식탁이 눈앞에 그려진다. 된장을 듬뿍 찍은 풋고추 특유의 알싸한 맛이 혀끝에서 살아나며 식욕을 자극한다.

그는 내가 사는 동네에서 떡 방앗간을 하고 있다. 오래전 불의의 사고로 왼팔을 잃은 장애인이다. 자그마한 체구에 머리숱도 별로 없고, 항상 웃는 얼굴에 홍조를 띄고 있어 언제 봐도 맘 좋은 이웃집 아저씨처럼 친근한 인상이다. 철없는 아이들이 '외팔이' 라고 놀려도 언제나 씩, 웃어넘긴다. 숫제 팔이 하나 없다는 걸 잊어버린 사람 같다. 매사에 적극적이고 낙천적이다. 사람들로 하여금 측은한 마음을 품게 하기보단, 바쁜 일상으로 고단한 이들에게 오히려 용기를 주고 희망을 꿈꾸게 한다.

고춧가루를 빻거나 떡을 만들 때도 팔이 하나 없다는 것이 그에겐 전혀 문제가 되지 않는다. 물건을 옮기거나 들어 올릴 때면, 팔꿈치까지만 남아있는 다친 팔이 버팀목 역할을 한다. 조마조마한 마음으로 지켜보는 사람이 도리어 무색할 정도로 자연스럽게 일을 한다.

오토바이를 타고 떡 배달을 하는 것을 본 적이 있다. 상상할 수 없던 모습이라 놀라웠다. 팔이 불편한 장애인이 오토바이를 탈 수 있다는 사실도 놀라웠지만, 다른 사람이 아닌 그라는 사실은 나를 더 놀라게 했다. 미처 인사하는 것도 잊고 서있는 나에게 큰 소리로 아는 체를 하곤 쏜살같이 사라졌다. 문득, 정말 그답다는 생각이 스치면서 슬며시 미소를 머금게 했다.

그를 처음 만났을 때가 여름이 시작되는 유월이었다. 반소매 티셔츠 밑으로 다친 팔의 상흔傷痕이 고스란히 드러나 고개를 돌려야 했다. 장애인이라는 이유만으로 측은한 마음이 앞섰기 때문이다. 행여 팔을 다친 것처럼 마음도 다쳐, 성격이 괴팍하거나 별스럽게 꼬인 사람은 아닐까 하는 두려운 마음도 있었다. 또한, 둥그스름한 얼굴에 웃는 모습이 예쁜 부인을 가엽게 생각해, 필요이상으로 상냥하게 굴기도 했다. 그러나 그것은 기우杞憂에 지나지 않았다. 부인과 농弄을 주고받으며 열심히 일하는 모습은 금슬 좋은 여느 부부들과 다를 바 없었다. 가게에 오는 손님들에게는 늘 유쾌하고 재미있는 가게주인으로, 즐겁게 자신의 삶을 살아가는 보통 사람이었던 것이다. 그런 모습들을 통해 두려움이나 어설픈 동정심을 버릴 수 있었다.

이렇게 생긴 사람은 이럴 것이라든가, 저런 일을 하는 사람은 저

럴 것이라는 선입견은 잘못된 편견에서부터 비롯된다. 처음부터 작정을 하고 그런 잣대를 들이대는 것은 아니나, 자칫 잘못된 판단이 그런 편견을 부르기도 한다. 보이는 부분만으로 사람을 판단하고 단정 짓는 것이 얼마나 어리석고 위험한 일인가. 그가 아니었다면 얼마나 더 많은 우愚를 범했을지 모를 일이다.

십여 년이 넘도록 그 가게를 드나들면서, 사람을 바라보는 나의 시각에도 세월만큼의 변화가 생겼다. 그라는 프리즘을 통해 지금까지는 볼 수 없었던 새로운 빛을 보는 법을 터득했다. 세상의 잣대에 맞춰진 프리즘으로 볼 땐 발견할 수 없었던 것들이다. 소박하고 따뜻한, 그래서 더 아름답고 밝은 빛을 볼 수 있게 된 것이다. 지금까지 내가 세상을 보아왔던 눈으로는 결코 볼 수 없고, 어쩌면 다시는 볼 수 없을지도 모를 그 빛으로 인해, 내 시각이 다양한 색채를 지니게 됐음을 부인 할 수가 없다.

오토바이를 타고 텃밭을 떠나는 뒷모습에서, 부지런하고 건강한 그의 삶이 그려진다. 또한, 텃밭을 엿보는 나에게로 그의 밝고 건강한 삶이 조금씩 전이轉移되고 있음을 느낀다. 텃밭의 햇살이 그를 따라 가며 점점 더 넓고 환하게 퍼져 나가고 있다.

텃밭 주위에 무리 지어 피어난 들꽃들이 무심히 흐르는 바람을 타고 춤을 춘다. 하얀 들꽃을 닮은 얼굴 하나가 그 위로 겹쳐진다.

산사山寺에서

산문山門으로 들어선다. 계곡으로 흐르는 물소리가 맑다. 숲을 깨우는 물소리에 머리가 맑게 깨어나는 느낌이다. 곁을 맴돌며 신경을 건드리는 자잘한 일상사를 흐르는 물에 띄워 보낸다. 턱까지 차올라 있던 헛된 욕망, 부질없는 욕심 또한 물과 함께 흘려보낸다. 그 곁에 숲이 떨어뜨린 나뭇잎 서넛, 물살을 타며 함께 흘러간다. 밤새 숲이 덮었던 이불을 걷기라도 하는가. 햇살이 퍼지는 계곡 위쪽에서 물안개가 피어오른다. 푸시시 숲이 깨어나고, 햇살을 따라 올라가는 물안개가 가슴에서 잔잔한 물결을 일으킨다.

계곡을 비껴나 울창한 잡목들이 터널을 이룬 오솔길로 접어든다. 잡목들이 연출하는 다채로운 빛깔들로 눈이 먼저 물이 들고,

천천히 전신으로 번져 마음까지 온통 가을빛으로 물이 든다. 발걸음 내딛는 소리에 섞여 숲으로 스며드는 바람소리, 그 소리를 이어 쏟아지는 낙엽들. 여기저기서 한숨 같은 짧은 탄성들이 이어진다. 두 팔을 한껏 벌려 떨어지는 낙엽을 싸안는다. 가을을 안는다. 불현듯 살아있어 이런 순간을 바라보고 느끼는 것에 대한 환희가 가슴으로 밀려든다.

밀려드는 환희를 보듬고 가을 숲을 더듬는 사이, 노오란 은행잎이 흩날리고 있는 산사山寺에 닿았다. 숲이 깊은 산사의 가을빛은 유난히 더 짙고 아름답다. 법당에서 울려나오는 목탁소리, 염불소리가 산을 오르는 사이 흥분된 마음을 차분하게 가라앉힌다. 바람을 따라 이어지는 은은한 풍경風磬소리는 산사의 가을을 더 깊고 향기 나게 한다.

선뜻 법당 안으로 들어서질 못하고, 문밖에 서서 부처님을 향해 조용히 합장을 한다. '버리지 못한 욕심이 있다면 여기 내려놓고 가게 하소서.' 고개를 들어 온화하게 미소 짓는 부처님을 마주본다. 설핏, 한 소녀의 얼굴이 스친다. 까맣게 잊고 있다가도 법당에서 부처님을 마주하게 되면, 문득 생각나 가슴 한쪽을 아프게 하는 얼굴이다. 동그란 얼굴에 살빛이 유난히 하얗던, 여고시절 같은 동아리에서 일 년을 함께했던 선배다.

동아리에 들어간 지 사나흘 후, 첫 대면을 한 그 선배는 거의 말이 없었다. 가만히 미소를 짓거나 고개를 주억거리는 것으로 의사

표시를 하는 게 고작이었다. 졸업 후 출가出家할 거란 얘길 다른 선배로부터 들은 건, 첫 만남 이후 며칠이 지나서였다. 어머니의 치마꼬리를 잡고 절을 드나들던 다섯 살짜리 여자아이를 보고, 주지스님은 불제자가 되어야 할 상相이라고 했다. 속세에선 단명短命할 상이라며 스무 살이 되기 전에 출가를 시키라고 했다. 스님 말씀이 곧 부처님 뜻으로 알았던 어머니는 그렇게 딸의 운명을 받아들였다. 그리곤 어린 딸의 손목을 붙잡고 부처님 앞에 엎드려 기도하는 것으로 운명을 자연스럽게 받아들이길 바랐다.

한창 사춘기의 감정에 젖어있던 내겐 이해하기 힘든 충격적인 일이었다. 운명과 싸워보지도 못하게 하고 그처럼 결정해버린 어머니를 도무지 이해할 수 없었다. 또한 그 모든 게 자신의 뜻인 냥, 어떤 저항도 없이 묵묵히 따르는 선배는 더 더욱 이해할 수 없었다. 순간순간 변하는 자신의 소소한 감정 하나도 추스르기 벅차던 시기였다. 운명이니, 출가니 하는 엄청난 문제를 이해하고 받아들이기엔 너무 어렸다. 출가를 고작 실연失戀이나 인생에 실패한 사람이 최후의 순간 선택하는 길 정도로 알고 있던 터라 내가 느낀 충격은 더 컸다. 그러니 모녀가 겪었을 고통의 무게와 숱한 번뇌의 시간을 어찌 짐작이나 할 수 있었겠는가.

어쩌다 동아리 방에서 선배를 만나면, 나와는 다른 세계의 사람처럼 느껴져 시선을 마주하는 일이 두렵고 어렵기만 했다. 그렇게 데면데면하게 봄과 여름을 보내고 가을이 깊어지면서 선배는 자주 아팠다. 며칠씩 결석을 하곤 했다. 겨울 방학을 얼마 앞두고 핼쑥한 얼굴로 동아리 방을 찾은 선배가 손을 내밀었다. 건강 때문에 요양을 떠난다며 방학이 끝나면 다시 만나자고 했다. 처음이자 마지막 악수였고 그것으로 그 선배와의 만남 또한 마지막이었다.

긴 겨울이 끝나고 목련이 흐드러지게 핀 사월의 어느 날, 출가했다는 소식이 들려왔다. 선생님께 소식을 전해 듣고 눈이 퉁퉁 붓도록 우는 것으로, 선배와의 짧은 인연은 끝났다. 정말 그랬다. 바람결에서 조차도 선배의 소식은 더 이상 들을 수가 없었으니까. 하지만, 긴 세월이 흐른 지금도 부처님을 마주할 때면 순간순간 통증이 스치는 것은, 선배를 아직도 내 마음에서 놓아 보내지 못하고 있음이 아니겠는가. 시간을 거슬러 보아도 개인적으로 특별한 추억을 공유했다거나, 남다른 사연을 나눠가진 기억은 없다. 그런데 왜 지금껏 놓여나질 못하고 있는지 나 스스로도 알 수가 없다. 전생 혹은 다음 생으로 이어지는, 끝나지 않은 인연이 우리에게 남아있기라도 한 것인지.

갈래머리 소녀였던 그때는, 정해진 운명을 저항 없이 받아들이는 선배의 마음을 이해할 수 없어 홀로 분개했었다. 하지만 세월이 흘러 삶의 중턱에 이른 지금의 나 또한 별반 다를 게 없다. 모든 것이 물처럼 순리대로 흘러가길 바라며, 운명 안에서 순응하며 살아가고 있음을 어쩌랴.

뻐근한 다리를 두드리며 부처님을 향해 다시 합장을 하고 돌아

선다. 법당을 한 바퀴 돌아 일주문을 빠져나오는데 갑자기 눈앞이 뿌옇게 흐려진다. 흐려지는 시야 속으로 갈래머리 소녀의 동그란 얼굴이 떠올랐다 사라진다. 바람을 따라오는 풍경소리가 더딘 걸음마저 멈추고 자꾸 돌아보게 한다.

왔던 길을 되돌아 내려오는 서녘으로 노을이 붉다. 아침에 물안개를 만났던 언저리에서 저녁에는 노을을 만난다. 같은 길을 지나면서 시간의 흐름에 따라 각기 다른 것을 만나고 있다. 산을 오를 때는 차오르는 생의 환희로 들떴고, 내려가는 지금은 운명이니 인연이니 하는 무거운 화두話頭를 품은 탓에 몸도 마음도 가라앉는다. 산문을 나서는 등 뒤에서 바람이 인다. 낙엽이 비가 되어 쏟아져 내린다.

꽃 진 자리

제라늄 꽃이 피었다. 며칠 전부터 금방이라도 꽃망울을 터트릴 듯 조바심치게 하더니, 오늘 아침 드디어 분홍빛 작은 꽃잎을 열었다. 그리울 때 대신 바라보라며 그녀가 떠나면서 남기고 간 화초다. 그녀의 얼굴이 분홍빛 작은 꽃송이 위로 겹쳐진다. 피어나는 꽃송이를 따라 되살아나는 기억들이 가슴에서 바람이 되어 일렁인다.

작은아이 친구 엄마로, 이웃사촌으로, 마음이 통해서 속내를 내보일 수 있는 친구로 가까이 있던 그녀가 떠나갔다. 남편을 따라 이곳에 와 삶의 둥지를 틴지 십여 년, 근무지가 바뀐 남편을 따라 다른 곳으로 둥지를 옮겨 간 것이다. 떠난 지 두 달여 가슴 한쪽 어딘가를 덜어 가기라도 한 듯 허허로운 시간들이다. 함께 나누던 소소한 일상들은 통째로 사라졌고, 혼자 할 수 있는 것도 더러는 그만 두거나, 느릿느릿 게으름을 피우며 뒤로 미루기 일쑤다. 부추김이 있어 가능했던 아침 운동도 그만두고, 그 시간이면 하릴없이 집 안을 서성이곤 한다. 그런 소소한 일상의 기억이 사람과 시절과 순간을 사무치게 한다.

반복되는 일상에서 습관처럼 되풀이되는 게 만남과 이별이다. 삶의 갈피갈피에서 적잖게 답습했으니, 웬만큼 면역이 됐을 법도 하건만 처음처럼 낯설고 가슴이 아림을 어쩌랴. 떠나는 사람보다 뒤에 남겨지는 사람이 더 아프다고 했던가. 남은 이의 책무마냥 문득문득 되돌려보는 기억의 끝에는 늘 쓸쓸함이 기다리고 있다. 이별 그 자체가 주는 상실감 때문이 아니라, 남아있는 기억들이 떠난 사람의 자리를 실감케 하고 쓸쓸하게 만드는 것이리라. 사랑의 상처가 또 다른 사랑으로 치유될 수 있다는 지극히 통속적인 얘기처럼, 사람으로 인해 생긴 상처는 사람으로 밖에 회복할 수 없는 것일까.

새로운 무엇을 기다리는 일은 못할 것 같다. 생명이 있는 것이든, 없는 것이든 그것이 무엇이 되었든, 새롭게 관계 맺는 일에 점점 자신이 없어진다. 특히 그 무엇보다 어려운 건 사람과의 관계맺음이다. 세월의 두께가 쌓일수록 새삼 실감하기에, 어설픈 기대 따위는 진즉에 버렸다. 반복되는 경험이 이끄는 대로, 순순히 세월의 순리를 따라 흘러가리란 바람을 품을 뿐이다.

햇살이 쏟아지는 창가에 쭈그리고 앉아 화분 속의 마른 잎들을 골라낸다. 잎이 머물렀던 가지 곳곳에 선명하게 남아있는 흔적들이 새삼스레 시선을 붙든다. 여린 꽃가지에 머물렀던 작은 이파리 하나도 이렇듯 선명한 흔적을 남기는데, 하물며 사람이 머물다 간 자리가 어찌 온전할 수 있으랴. 아린 가슴을 토닥인다.

가슴에서 살아나는 생각들을 지우듯 걸레를 들고 이파리에 앉은 먼지를 닦는다. 먼지가 닦여진 이파리 군데군데에 희뿌연 얼룩이 보인다. 계속 닦으면 지워지려니 하는 생각에, 손아귀에 힘을 주어 문지르다 이파리를 찢고 말았다. 정작 지우려한 얼룩은 그대로 남았는데, 애꿎은 이파리만 찢은 것이다. 세상사 무엇인들 억지로 해서 좋을 게 있으랴. 애써 지우려 해도 결코 지울 수 없는 게 있고, 애쓰지 않아도 세월의 강물을 따라 흘러가는 것도 있는 것을.

불어오는 바람 끝에 묻어오는 가을 향기가 짙다. 이별의 준비가 화려하게 진행되는 계절, 사라지는 것들이 이보다 더 아름다울 수 있는 때가 있으랴. 한 번 피어난 꽃은 시들어 떨어지게 마련이다. 생명이 있는 꽃이라면 그게 어디에 피었든, 어떤 꽃이든 시간이 지나면 시들어 사라지는 법이다.

그 순간엔 생의 유한함을 아쉬워할 밖에 다른 도리가 없다. 그것도 잠시, 그들이 사라진 자리에 흔적처럼 숨어 있던 씨앗은, 긴 기다림을 묵혔다 더 많은 꽃을 피운다. 하여 사라지는 게 그리 서럽지만은 않다. 또 다른 약속의 시간이 준비되어 있음을 알고 도리어

안도하게 된다. 자연의 섭리로 이루어지는 그런 순간들이 있어 꽃이, 그런 생명들이 더 아름답게 느껴지는 것인지도 모른다. 지난 세월의 사진마냥, 다시 아름다운 만남을 되풀이 할 수 있는 게, 어찌 그들에게만 주어진 특별함이던가.

꽃 진 자리에 다시 피어난 제라늄 꽃잎 사이로, 노랗고 붉은 비가 쏟아져 내린다. 하늘 언저리서부터 달려 내려와 호흡을 고르던 가을이, 이토록 아름다운 이별의 비를 뿌린다. 가을빛에, 가을 내음에 몸이 물든지 이미 오래다. 노랗고 붉은 단풍 비에 젖어 끝내는 마음까지 물들고 만다. 이 순간은 조바심치던 지난 기다림을 잊는다. 이미 시작된 이별 또한 잊는다. 생의 유한함을 딛고 다시 돌아오는 그들의 무한성에 위로를 받는다. 해서 오래 슬퍼하거나, 오래 눈물짓지 않을 듯싶다. 저토록 아름다운 자연의 순리 앞에서, 더 이상의 이별의식은 필요치 않을 것이므로.

김 용 호

1955년 거제시 일운면 출생, 2003년 고향으로 귀환. 제12회 전국가사 · 시조창작공모전 일반부 최우수상. 시집 《갯민숭달팽이》, 저서 《풀어보고 엮어보는 거제방언, 사투리》. 거제문인협회 사무국장, 거제수필문학회 부회장, 거제시문학회 운영위원, 동랑 · 청마기념사업회 이사, 경남방언연구보존회 회원, 《새거제신문》 칼럼위원

E japakim@yahoo.co.kr
H 010.5373.6050

내 고향 일운면

거제도의 남쪽은 절경으로 이루어져 있다. 동부면, 남부면, 일운면이 그러하다. 내가 태어난 일운면은 그 중에서도 다양한 명승지를 자랑한다. 거제 동쪽의 기점인 장승포항에서 남쪽으로 고개를 넘으면 일운면이 시작된다. 일운면의 동쪽에 있는 옥림리는 옥녀봉 아래에 위치하여 지심도를 바라보며 아담하게 앉았으며, 최근 대명콘도가 들어섰고 펜션들이 즐비한 소동리를 지나면 지세포항이 있는 지세포리이다.

이 지세포리에서 '누우래재'라는 고개를 넘으면 와현해수욕장으로 유명한 와현리이다. 와현臥峴은 한자말 지명이며, 원래의 순우리말 지명은 '누우래'이다. 이 '누우래'는 '누웠다(臥)'라는 뜻으로 진시왕의 불로초 군단의 서복徐福이 유숙(누웠다)한 데서 유래되었다고도 전한다.

와현에서 왼쪽으로 뻗어나간 지형의 끝에는 서이말등대가 있고, 그 오른편 자락에는 예구마을과 그 산 너머로 공곶이가 있다. 와현리를 지나면 구조라 해수욕장으로 유명한 구조라리가 나온다. 구조라는 수정산성이 있는 수정봉을 중심으로 동편에는 구조라항이 있는 마을과 서편에는 백사장의 해수욕장으로 나뉘어져 있다. 이 구조라항에서 안섬(內島)과 밖섬(外島)으로 갈 수 있는 유람선이 운행되며, 여러 인근의 갯바위 낚시터로도 갈 수 있다.

외도(밖섬)는 이미 유명한 관광지로 널리 알려져 있는 바와 같고, 최근에는 공곶이와 내도(안섬), 구조라의 수정봉이 새롭게 각광을 받고 있다. 수선화로 유명한 공곶이에는 자동차 진입이 불가능하나, 동백꽃과 수선화를 감상하려는 탐방객들이 시즌에는 줄을 이어서 예구마을 뒤편의 산언덕을 넘는다.

수정산성의 수정봉에는 최근 산책로가 완성되어 멋진 조망을 감상할 수 있으며, 내도에도 일주 산책로가 완성되어 때 묻지 않은 동백숲의 정취를 맛볼 수 있다.

이 구조라리를 지나면 일운면의 끝이며, 북병산 아래의 망치리가 나온다. 나의 안태고향이다. 나는 망치리의 양지마을에서 태어나 초등학교 입학무렵에 거제도의 중심인 고현으로 나왔다. 망치리의 양지마을은 정남의 방향으로 앉았는데, 오른쪽으로는 유명한 해금강이 보이며, 왼쪽으로는 윤돌섬과 외도가 자리하고 있다. 그리고 몽돌해수욕장과 그 너머로 아득한 수평선이 예쁘게 펼쳐진 마을이다.

이 고향바다를 읊은 나의 가사歌辭가 있으니 소개하면서 끝맺음 하고자 한다.

고향바다

김용호

거제도라 내 고향 동서남북 바다지만
내 태어난 망치바다 그 만한 곳 쉽지 않아
겨울 북풍 병풍처럼 막아 두른 북병산
달뜬바위 물오르면 고로쇠액 솟아나고
산벗나무 돌배나무 꽃피우기 시작하면
많고도 많았느니 향기로운 산나물들
서남으론 노자산이 동북으론 옥녀봉이
능선으로 형제처럼 연이어서 울타리로
망치마을 옹위하니 어찌 아니 양지일까
왼쪽 앞이 화심에는 하룡점정 꽃섬 하나
어여쁘게 띄웠으니 윤돌섬이 그것이다

거제도의 많은 바다 수평선이 없을까만
정남으로 한복판에 아담 이쁜 저 수평선
하염없이 시름없이 바라보고 자랐느니
수평선의 왼쪽자락 외도 내도 자리하고
갈곶 갈도 해금강은 오른편에 위치한다
어느 누가 잡은 구도 더 좋을 순 없으리라

바닷가의 오른쪽은 굵은 몽돌 자리하고
왼쪽으로 갈수록 몽돌알은 잘아져서
봄바다의 파도소리 교향곡도 절묘하다
외도위에 달 떠올라 밤바다를 비추일 때
나의 상념 끝없어라 환타지아 따로 없고
철석철석 좌르르르 돌돌돌돌 처얼석 철
잠들 때나 깨었을 때 쉬임없이 들었나니
아니 나의 눈과 귀가 그 소리에 생겼으니
이 내 몸의 팔 할이나 구 할 쯤은 망치바다

여름이면 산자락에 소 먹이던 생각나고
바다에는 멸치 떼가 몰려들기 시작한다
멸치잡이 배가 뜨니 바다 제법 소요한데
조용했던 시절이라 그 소리도 다정했고
가쁜 숨을 몰아대며 토해내던 엔진 연기

워낙에 맑은 바다 공해랄 것 없었단다
가을 겨울 정취인들 어찌 아니 고왔으리
글이 짧아 더 나가지 못해 실로 안타깝네

반평생을 객지에서 이리저리 떠돌면서
꿈에서나 전철에서 고향 생각 뿐이었다
덜컹 덜컹 끼익 끼익 뚜 뚜 뚜 칙 칙 끼익
많은 인파 군중 속에 나의 몸을 끼워넣고
이리저리 맞춰보려 무던히도 애썼지만
지리 풍토 음률 곡조 애시당초 안 맞아서
언제나 몽돌처럼 돌돌돌돌 따로 놀고
따돌림이 없더라도 내 스스로 왕따되어
빈손으로 내 고향에 가리늦게 나 왔으니
그나마도 다행이라 이마저도 행복인가

이제 이리 나 죽어서 고향바다 묻힌다면
달뜬 바다 파도소리 밤새도록 들으면서
맺지 못한 시 구절을 땅속에서 읊조리고
겨울이면 침잠하고 봄이 되면 귀를 세워
노고지리 휘파람새 소리소리 들으면서
무슨 소회 있을까나 아무 여한 없으리라
울어라 울어라 새여 한도 원도 없으리니

서이말과 사이말

거제도의 남동쪽에는 '서이말' 이라는 지명이 있고, 여기에는 대한해협을 굽어보는 서이말등대(1944년 점등, 남동해 최대 등대)가 있다. 이 서이말등대는 거제 본섬에서 길게 뻗어나가 망망대해를 바라보는 절벽의 봉우리에 우뚝 서 있는 것이다.

우선 '서이말' 이라는 지명은 상당히 독특하다. 아마도 이런 지명은 우리나라뿐만이 아니라. 동양 삼국을 찾아보아도 희귀하다 할 것이다.

'서이말' 은 한자이름으로, 한문표기로는 '鼠咡末' 이며, 풀이로는 '쥐입끝' 이다. '이咡' 가 '입口 이咡' 이다. 즉, '쥐의 주둥이 끝' 이라는 뜻이다. 참으로 신기한 이름이다. 아무리 툭 튀어나온 절벽이라 하더라도 그 작은 '쥐의 입'을 생각해내고 이름을 붙였을까! 이런 지형은 얼마든지 다른 말로도 명명命名할 수도 있었을 터인데. 현지의 주민들은 우리말로 '지(쥐)리끝'이라 부르기도 한다.

이 서이말등대로 나아가는 기점은 지세포에서 와현마을로 넘어가는 재(누우래재)에서 시작된다. 재의 갈림길은 자세히 보면 사거리를 이루고 있는데, 큰길인 구조라 방향의 국도 왼편으로 두 개의 길이 있는데, 아래로 내려가는 길은 와현해수욕장 마을로 가는 길이며, 그 왼편 능선을 타고 가는 길이 석유저장기지(옛 마을이름은 미조라)로 가는 길이다.

이 석유저장기지로 나아가는 방면으로는 차량이 뜸한데, 이는 이 방면으로는 민가나 관광시설이 전혀 없기 때문이다. 또한 이 저장기지는 국가주요시설로서 이정표등이 전혀 없다. 이 길의 중간쯤에 갈림길이 나오는데, 왼쪽 방면이 석유기지이며, 오른쪽의 샛길이 서이말등대로 가는 길이다. 산불방지 또는 보안상의 이유로 관리초소가 있고 관리원이 통행을 점검하고 있다.

양방향 통행이 불가능할 정도로 좁은 길을 제법 달려야 등대가 나온다. 길은 꼬불꼬불하지만, 급경사 구간은 거의 없이 평탄하다. 사실 이 길은 자동차로 달리기 정말 미안할 정도다. 워낙 한적하고 주변으로 손때가 묻지 않은 자연의 식생을 그대로 보여주기 때문이다. 국립공원지역으로 결정되기 전이라 하더라도 워낙 인가와는 먼지역이어서 사람의 손길을 많이 받지 않았을 것이다. 만약 걷는다면 아마 최고의 길일 것이다. 그러나 워낙 한적하여 혼자 걷기로는 지금 당장으로는 염려스러울 수 있다.

좌우로 가끔씩 바다가 보이기도 하지만, 전체적으로 커다란 숲 속을 달려가는 듯이 느껴진다. 이 길에서 달리기 대회를 열면 멋있겠다 싶은 생각을 가져 보았다. 이렇게 나아가는 길의 오른쪽 아래에 공곶이가 있는데, 잘 보이지는 않는다. 비경인 까닭이리라. 공곶이는 예전에는 아는 사람만 알았는데, 요즈음에 많이 알려져 있다. 동백숲 속으로 난 333계단길과 수선화, 그리고 파도에 닳고 닳은 몽돌밭이 유명하다.

이렇게 차량 한 대도 마주치지 않고 바다가 잘 안 보이는 채로 달려가는 가다 보면 어느 순간에 시야가 확하고 트이게 되는데, 그게 다 온 것이다. 헬기장으로도 쓰임직한 공터가 나오며 여기에 주차한다. 앞서 온 탐방객의 차량이 두어 대 있을 수 있다.

전면에 하얗고 높다란 등대가 우뚝 솟아 있다. 대한해협을 넘어 망망대해를 향하여. 이렇게 높고도 창창하게 바다를 굽어보고 있는데, '쥐의 입 끝' 이란 지명은 참으로 생경하다 할 것이다. 참고로 서이말과 반대편인 거제의 북단에는 '사이말蛇㖿末' 이라는 지명이 있다.

이 '사이말' 을 《거제지명총람》에서 다음과 같이 소개하고 있다.

좌우로 가끔씩 바다가 보이기도 하지만, 전체적으로 커다란 숲 속을 달려가는 듯이 느껴진다. 이 길에서 달리기 대회를 열면 멋있겠다 싶은 생각을 가져 보았다. 이렇게 나아가는 길의 오른쪽 아래에 공곶이가 있는데, 잘 보이지는 않는다.

거제도의 최북단 북위 35° 02′ 28″에 위치하고 반도半島를 형성하여 마산馬山을 바라보는 땅끝으로 뱀의 주둥이 모양이라 뱀부리끝 또는 사부리끝이라 하며, 이는 풍수지리설에 따라 일운면 서이말鼠耳末과 상대하는 지명이고 러일전쟁 때 일본군의 대포 7문)이 있었던 봉우리 높이 67.4m에 삼각점三角点이 있다.

나는 바다로 향한 서이말등대의 오른쪽 아래 내리막길을 내려간 적이 있었다. 내려간 길의 끝에는 벼랑의 바위에 푸른 파도가 철썩이고 있었다.

이렇게 서이말등대의 정경도 멋이 있지만, 가는 길도 무서울 정도로 호젓하다. 서이말등댓길은 관광객들을 위한 길이 아니다. 등대와 해안을 지키는 군인들을 위한 길이다. 그러므로 탐방객들이 대거 몰려들면 곤란할 것이다. 그러나 자연에 대한 경외심을 가지고 거제의 비경을 둘러보기 원한다면 이 서이말등댓길을 최우선적으로 권하고 싶다.

거제도의 봄

내 고향 거제의 봄은 바다에서 옵니다. 정월 대보름이 지나면 바다의 느낌이 달라집니다. 가까이 가지 않아도 그 미세한 봄의 변화는 바다에서 우리들의 가슴으로 스며들어 옵니다. 그렇다고 바다의 색깔이 뚜렷이 바뀌는 것은 아닙니다. 어쩌면 바다는 그대로인데, 우리들의 가슴이 먼저 봄으로 변해버린 것일 수도 있을 것입니다. 분명한 것은 바다에서 봄이 시작되고 우리들은 그것을 느낀다는 것입니다.

그렇게 시작된 봄은 바닷가의 양지바른 언덕배기에 상륙을 합니다. 논두렁과 밭두렁으로 올라옵니다. 꾸불꾸불한 돌담길에도 봄의 기운이 머물게 되고, 사람들은 어느새 파래진 쑥과 냉이에 놀라워합니다. 매화와 개나리가 피기 시작하고, 벚꽃과 진달래는 꽃 피을 준비를 합니다. 산기슭의 골에는 고로쇠 수액이 채취되고, 해변가에는 파래와 톳, 모자반, 김들이 무성해집니다.

해금강, 학동, 여차, 외도, 지심도 등의 절경지에는 벌써 상춘객들로 물이 올랐을 것입니다. 봄의 새싹과 쪽빛 바다에 어울린 동백꽃으로 풍광에 빠졌을 것이며, 각종 생선회와 해물들로 봄의 미각을 만끽할 것입니다.

거제도 하면 대부분 바다를 떠올리게 마련이지만, 거제에는 산이 많고 골도 깊습니다. 게다가 산의 정상에 서면 시원한 한려수도의 전경을 한눈에 볼 수 있어 등산으로서도 그만입니다. 높지 않은 해발 오백여 미터의 산들이지만, 계룡산(566m), 선자산(523m), 북병산(466m), 노자산(559m), 가라산(580m)이 능선으로 북에서 남으로 연결되어, 밀양, 청도, 울주의 가지산, 천왕산, 운문산, 신불산으로 이어지는 일천여 미터의 '영남알프스'에 비교하여 '한려해상알프스'라 불리울 만합니다.

산의 정상과 높은 능선은 내륙의 산들과 크게 차이가 없는 억새와 진달래, 소사나무 위주의 식생이나, 산의 사면과 골의 식생은 온난한 해양기후의 특색으로 후박나무, 가시나무, 비자나무, 동백나무, 팔손이나무 등의 사철나무가 다양하게 천연림을 형성하고 있어 그 정취가 남다릅니다. 이제 봄이 오면, 산벚꽃이나, 산복숭아 꽃, 진달래들이 피어나기 시작할 것입니다. 땀을 흘린 후에 산정에서 바라보는 봄바다의 시원한 정경에 반해서 육지에서도 많은 등산객들이 버스로 거제를 찾을 것입니다.

맛있는 이야기를 합시다. 거제에는 들쑥날쑥한 지형으로 해안선이 길고, 많은 산으로 골이 깊어, 봄이 되면 다양한 먹거리로 넘쳐나게 됩니다. 온화한 기후로 다양한 산나물들이 시장에 나오고, 또 직접 뜯으러 산으로 갑니다. 두릅, 취나물, 원추리, 다래순, 참나물, 둥굴레 등, 종류도 워낙 많아 나도 다 알지 못합니다. 이런 다양한 나물들은 요리를 해서 먹어도 좋으나, 대부분 살짝 데쳐서 초고추장이나 쌈장에 찍어먹거나 쌈으로 먹습니다. 참으로 보약이 되는 음식이며, 맛도 그만입니다.

봄이 되면 여러 가지 해조류들도 풍성하지만, 아무래도 별미 음식은 생선 먹거리 입니다. 뱅어를 알고 계십니까? 뱅어포라고 하면 아시는 분들이 많으시겠지요. 사실 뱅어포의 원료는 뱅어가 아니고 서해안에서 주로 잡히는 실치 입니다. 이 실치포가 뱅어포로 불리우는 이유는 옛날에 서해안 강 하구에서 뱅어가 많이 잡혀 뱅어로 포를 만들었는데, 대단한 인기가 있었답니다.

그러나 세월이 지나면서 뱅어가 잡히질 않아 비슷한 실치로 뱅어포를 만들게 되었다네요. 따라서 실치를 뱅어와 동일한 것으로 혼돈 하는 사람들이 많으며, 심지어 책에서도 그런 경우가 대부분입니다. 실치는 뱅어와 비슷하게 닮았으나 베도라치의 새끼이고, 뱅어는 그 자체로 성어이며 민물에 알을 낳고 하얗게 죽어 갑니다.

실치는 바다에서 잡히나 뱅어는 하천 하구에서 잡히며, 국수를 닮았다고 해서 '면조어麵條魚' 또는 하얗고 속이 보인다고 하여 '백어白魚' 또는 '사백어死白魚' 라고도 부르는데, 거제도 현지에서는 '뱅아리' 라고 칭합니다.

이 뱅어가 진달래 필쯤이면 하천 하구에 몰려드는데, 친구들이랑 고요한 밤에 그물을 들고 하천에서 뱅어를 뜨는 옛 생각이 납니다. 양동이 속에서 헤엄을 치던 그 앙증맞은 모습을 횃불로 비춰보며 즐거워했던 기억이 어제인 듯 눈에 선 합니다. 뱅어는 그대로 민물에 헹구어 회무침으로 또 계란, 파와 함께 넣어 국으로도 일품입니다. 그 뱅어의 맛은 약 2주 정도면 끝이 나고, 이를 메뉴로 하는 식당도 없어서 세상일에 바쁜 거제의 사람들 중에서는 이 별미를 맛보지 못한 사람들이 오히려 많을 것입니다.

뱅어는 워낙 기간이 짧고 잡히는 양도 적어서 접하기가 쉽지 않으리라 생각이 되지만, 올해도 분명 시장에 그 모습을 드러낼 것이며, 또 미각에 관심이 있는 사람들은 그 맛을 접할 수 있을 것입니다. 나는 벌써 입맛이 다셔지며, 예전에 반두를 들고 설치던 그 하천의 하류에 자꾸 눈이 갑니다.

참으로 맛있는 봄의 별미를 소개하고 끝낼까 합니다. 도다리쑥국입니다. 글자 그대로 도다리에 쑥을 넣어서 끓인 국입니다. 된장을 조금 풀어 구수하고, 향긋하고, 맛이 깊은 그 맛을 어떻게 말로서 표현하기 어렵습니다. 그냥 '거제도 봄의 진미' 라 불러도 과산이 아닐 것입니다. 도다리는 봄에 그 맛이 최고조에 달한다 하여 '봄 도다리, 가을 전어' 라는 말도 유행 시켰던, 이름나고 맛난 생선입니다. 도다리쑥국은 거제도에서 대중화되어 봄에 거제를 찾으신 분들은 왠만한 식당에서도 즐기실 수 있습니다.

도다리쑥국에 더하여 숭어찜을 곁들이기 권합니다. 봄숭어는 기름이 올라서 맛이 좋으며, 살이 깊어 먹기도 좋습니다. 싱싱한 숭어를 토막내어 여러 가지 산나물들을 푸짐히 넣고 밀가루를 섞어 찜솥에서 쪄 냅니다. 이를 초간장에 찍어 먹는데, 그 산나물의 향긋함과 숭어의 풍미는 봄의 별미라 말할 수 있습니다.

이 도다리쑥국으로 지은 나의 시가 있습니다. 소개하고 넘어가려 합니다.

도다리쑥국

김용호

가슴 아픈 사랑에 얽혀 피골이 상접하였거나
혹은 사랑을 떼기 위해 고통하고 있다면
고로쇠의 생명수를 그대가 흘려 받을 수 있는 이월에
노자산 기슭으로 오세요
팔색조의 빈 둥지가 어디엔가 숨어있고

노란 꽃가루 묻힌 부리로 동박새 노는 곳
마치 우리가 자궁의 양수 속에서 시작되었듯
내가 아는 세상의 봄은
외도와 해금강의 바다로부터 시작되고
그 생명의 시원始原이
도다리쑥국을 그대에게 올린다

구수함의 끝은 어디인가
아름다운 맛은 예술보다도 강열하다
시작도 끝도 없는 봄의 맛에 그대의 낡은 사랑을 얹어라
이윽고 피가 돌기 시작하고 궤양엔 새살이 돋으리
행여, 그래도 해갈이 되지 않는 사랑이 있다면
고이 접어 몽돌의 바다에 내려놓으소서
자그락 자그락
천만 개로 갈아 날려드리리다

나는 송창식의 〈선운사〉라는 노래를 무척 좋아합니다. 그 선운사의 동백꽃 떨어지는 모습이 "너무너무 아름다워서 당신은 정말, 당신은 정말 못 떠나실 거예요…"하고 열창하는 부분이 절정인데, 그 부분의 가사와 멜로디와 분위기에 매번 빠져들면서 이 곡을 송창식의 대표곡이라 칭해도 무리는 없을 것이라고 나는 생

각합니다.

선운사의 동백꽃은 유명한 서정주 님의 〈선운사동구〉도 있습니다. '선운사 동백꽃 보러 갔다가 아직 일러 막걸리집의 육자배기 가락만 남았다.' 라고 읊었는데, 나는 송창식이 '당신은 떠나지 못할 거예요.' 라고 열창하는 것에 훨씬 높은 점수를 주고 싶습니다.

물론 선운사 뒤에는 동백나무의 숲이 있습니다. 그러나 진정한 동백꽃과 그 정취를 느끼시려면, 다도해의 관문인 거제도엘 오세요. 임과 함께 라면 더욱 좋고, 특히 당신을 떠나가실 기미가 있는 임이라면 더더욱 좋을 것입니다. 지심도든, 외도든, 학동이든, 해금강이든, 거제도의 남쪽으로 가시면 봄볕에 빤짝이는 동백잎과 빨갛게 타는 가슴의 동백꽃이 뚝뚝 떨어지는 장관을 보실 수 있을 것입니다.

그 정취에 흠뻑 빠지신 연후에 도다리쑥국에 숭어찜을 드셔보십시오. 그 봄의 향취와 깊은 맛, 가슴속으로 파고드는 애잔한 맛으로 당신은 정말 거제를 떠나지 못할 것입니다. 더구나 당신의 임은 동백꽃에 홀려, 도다리쑥국에 반해, 숭어찜에 녹아서 거제도는 커녕 당신의 품을 정녕코 떠나지 못할 것입니다.

아내와 등산

올해 같은 혹서가 어디 있었으랴. 유난히 더웠던 올해의 여름은 일순간에 가고 추석을 기점으로 갑자기 완연한 가을로 접어들고 있다. 아내는 요즘 등산과 걷기에 열심이다. 평소에도 강골은 아니었지만, 중년을 넘기면서 몇 군데가 탈이 나기 시작했다. 그래서 몇 번 큰 병원을 다녀오고 나서는 건강에 노력하는 모양이다.

게다가 어느 산악회에서 제주 한라산을 간다는데, 그 늦가을의 등반 계획에 비회원으로 불쑥 참가를 신청하였다는 것이다. 그런 연유로 지금 열심히 연습중이다. 빠르게 걷거나 높은 산을 오른 경험이 오랫동안 없던 터여서 아내로서는 걱정스런 일임이 분명할 텐데 옆에서 바라보고 있는 내가 조바심이다.

그렇게 한라산을 오른다는 목표가 정해지자 아내는 열심히 산에 오르거나 걷곤 한다. 산에 자주 올라 건강할 것이 분명한 일행들에게 뒤쳐져 애물덩어리가 되거나 낙오되는 일이 걱정스럽기도 할 터이다.

나는 낯선 사람들로 구성된 모임에 쉽게 동참하지 못하는 의외로 소심한 성격인데, 아내는 나보다는 훨씬 사교적이어서 그런 결정을 선선히 하는 것이다. 게다가 한라산이라니. 놀랍기도 하고 부럽기도 하고…,

특별한 일이 없었던 지난 일요일, 아내는 같이 등산가자며 복장을 챙기기 시작했다. 동행이 당연한 듯 먼저 챙기고 나서니 일어나지 않을 수 있으랴. 그래도 가까이에 있어서 자주 간 편인 계룡산을 제쳐두고 거제도의 서쪽 방면에 있는 산방산에 가기로 내가 결정했다. 여유 있는 일요일의 동반인데 느긋하게 재작년에 같이 한 번 오른 적이 있던 산을 택한 것이다.

십여 분을 올랐을까. 호흡이 조금씩 빨라지면서 늑장을 부리며 일어나기 싫어했던 마음은 어느새 없어지고 산이 좋아지기 시작한다. 앞장을 서던 나는 아내에게 앞장을 양보했다. 예전에는 거의 없던 일이며 가끔 그렇게 했다하더라도 곧 뒤로 밀려나곤 하던 아내였는데, 의외로 잘 가고 있다. 최근에 열심히 운동한 효과가 있는 게 분명해 보였다. 어쩌면 내가 예전만 못한 까닭도 있을 것이다.

조급한 편인 나는 예전에 아내보다도 훨씬 앞장서 올라 헉헉대던 아내를 자주 뒤돌아보며 기다렸다. 아내가 도착하면 얄밉게도 또 출발해 버리는 일이 많았던 것 같다. 하산하던 이들이 보면 동행인지 아닌지 애매할 정도였을 것으로 생각되는데, 지금 생각해보면 아내로서는 제법 야속했을 것이다. 내리막길에서는 그 차이가 더욱 벌어지곤 하였는데, 조급한 나의 성격과 아내를 배려치 못하는 속 좁은 남자의 꼴불견이었음을 이제야 느낀다.

사실 아내가 나와 나란히 걸으며 대화하기를 즐기는 것을 모르는 바는 아니다. 산에 오를 때는 숨이 가빠서 대화가 어렵다 하더라도 완만한 하산 길에는 나란히 걸으며 이야기를 나누거나 손이라도 잡으며 걸으면 오죽 좋으랴. 그러나 나는 그게 잘 되지 않았다. 아내가 말을 걸지 못할 거리로 약간 떨어져 걸었다. 야생화나 산새, 물소리들을 듣거나 바라보면서 변변찮은 머리로는 온갖 잡생각에 빠져드는 것이다.

아내는 잘 가고 있었다. 오르는 도중에 나에게 한 번도 앞자리를 내주지 않았다. 등산을 하게 되면 앞장을 선 사람이 훨씬 씩씩하게 산을 오르는 경우를 많이 보는데, 이제 보니 아내가 전형적인 앞장형인가 싶다. 뒤에서 느긋하게 따라 오르니 오히려 좋다. 떨어지는 체력으로 앞장을 고집하여 남편의 체면이랍시고 속도를 무리하지 않아도 될 것이고, 뒤에 처져서 예전처럼 온갖 잡생각을 마음대로 누리며 산에 오를 수 있구나. 이리 그냥 느긋이 오르면 될 일을 젊었던 시절에는 왜 그리 조급하게 안달하며 산을 올랐던가.

올라온 길을 그대로 하산하기보다 많이 둘러가지만, 좀 더 평탄하고 넓은 길이 있는 남쪽 능선을 걸어서 임도를 지나 내려왔다. 오르는 길과는 달리 아무도 만나지 않았던 가을의 하산 길은 야생화가 만발하고 다래덩굴이나 밤나무에서는 익어가고 있는 산과일들이 보였다.

예전 같으면 저만치 앞서서 휘적대며 홀로 걸었을 테지만, 이날은 그러지 않았다. 폭 넓은 길이어서 나란히 내려왔다. 완만한 내리막이었으므로 체력 탓만은 아닐 것이다. 무슨 말들을 나누었는지 기억은 나지 않지만, 그래도 두런두런 이런저런 이야기를 하면서 내려왔다.

좋은 등산이었다. 과거에는 멀찍이 앞서서 도망가는 나에 대해 아내가 투덜거리며 산행을 끝내는 수가 많았는데, 이제는 세월 탓인가. 늦게 철이 드는 것인가. 아직도 그 좋았던 하산 길의 정취가 눈앞에 아른거리는데 그때 왜 손을 꼭 잡아주면서 내려오지 않았던가. 조금 더 보태고 싶은 욕심의 후회를 해본다.

은행 줍기

어렸을 적에 은행나무는 가끔 보았지만, 어찌된 까닭인지 그 열매는 기억에 없다. 그러던 은행을 육지에 나가서 그것도 제대를 하고 한참 뒤에야 그 열매를 맛본 것으로 짐작되니 지금 내가 생각해도 약간 의아할 정도다.

쌉싸래한 향이 베여있는 그 고소한 맛을 처음 만난 것은 아마도 맥주집이지 않았을까 생각한다. 얇은 갈색의 속껍질이 가끔은 붙어 있는 그 푸르뎅뎅하니 말랑말랑한 구운 알갱이를 식기 전에 한 알 두 알 이쑤시개로 찍어 먹는 맛이라니…, 그 알갱이의 바깥에 하얗고 딱딱한 껍질이 따로 있어서 견과류에 들어간다는 것도 훨씬 나중에 알았다. 뿐만 아니라 그 딱딱한 외피가 냄새나는 과육 속에 있었다는 것도.

은행나무에 대해서는 예전에 약간은 알고 있었고, 최근에 보태어 진 것도 많다. 고생대에 태어나 빙하기를 거쳐 살아난 화석나무로 일컬어지며 양자강 하류가 자생지이다. 이는 근년에 중국의 사천성에서 발견되어 역시 화석나무라 불리며 가로수로 널리 심기고 있는 메타세콰이아와 같이 몇 억만 년 전에 지구에 출현하였던 것이다.

은행나무는 암나무와 수나무가 따로 있어서 수나무의 꽃가루가 바람에 날려 암꽃을 수정시키는 것으로 풍매화風媒花에 속한다. 이로 인하여 "은행나무도 마주서야 연다."라는 속담이 있으니 재밌다. 같은 풍매화 계통이라도 소나무와는 달리 암수가 따로 있으므로 자연히 남녀로 비유될 수 있는 조건이 갖추어 진 셈이다. 따라서 '남녀도 마주해야 인연이 깊어지고 성사가 된다.' 라는 뜻과 아울러 많이 열리는 은행 열매의 이미지를 합하여 '남녀가 마주해야 집안과 자손이 번창 한다.' 고 쓰여 진다.

풋내기 청춘의 시절, 노란 은행잎을 한 두어 장 책갈피에 끼워보지 않은 이 몇이나 되랴. 가을에 우수수 떨어지는 은행의 가로街路에 서면 끝없이 걷고 싶었던 충동이 생겨나곤 했다.

그런 은행을 직접 주워 본 것이 몇 해나 되었을까. 머리만 스스로 복잡했지 몸은 매번 한가했던 것으로 기억되는 시절이 있었다. 서울의 청계천과 중랑천이 만나는 근처에 살았을 것이다.

뜬금없이 그런 생각이 들었다. '그래. 배낭을 메고 아내와 함께 은행 주우러 가는 거다.' '이 가을에 그것만한 낭만이 어디에 있겠나.' 이런 생각으로 그냥 양수리 방면으로 차를 몰았다. 예전부터 아마 마음속에 두었던 생각이 불쑥 들었을 터였다. 은행을 주울 만한 장소를 찾는 것이 쉽진 않았다. 자동차가 휙휙 달리는 길에서는 줍기가 곤란할 터, 한적한 시골길을 찾으려 두리번거렸다. 어차피 하루 즐기려 하는 것. 조급해 할 이유는 없었다.

애써 느긋하니 가을의 정취를 감상하며 제법 돌아다닌 끝에 좋은 장소를 발견했다. 탐스럽게 열려 축 늘어진 가지의 바닥엔 벌써 떨어진 은행 알들이 그런대로 널려 있었다. 그런 은행나무가 군데군데에 있어 보였다. 차를 적당한 곳에 세우고 아내와 나는 줍기 시작했다. 누가 따라 오는 것도 아닌데 마음이 급해지면서 줍게 되는 나의 손길에 스스로 쓴웃음을 지으며. 아내도 풀밭을 뒤지며 신나했고, 비록 냄새나는 열매지만 노란색의 동그란 알은 탐스럽기 그지없었다.

시냇가에 앉아서 냄새나는 과육을 벗기기로 마음먹었다. 냄새나는 은행 열매를 그대로 아파트에 가져가서는 아니 될 일이다. 아내는 물에 들어오지 않고 개울가에서 쪼그려 작업을 하였지만, 나는 양말을 벗어 제법 차가워진 개울물의 복판에 발을 담그고 앉을 받침의 돌을 제대로 설치한 다음 자세를 잡았다. 상당한 분량을 주웠으므로 과육을 벗겨내는데 시간이 꽤나 걸렸다. 그래도 이 재미가 어딘가. 가을로 물들어 가고 있는 교외의 개울가에 한가로이 앉아서 그 풍광을 즐기며, 겨울 내도록 심심하면 고소히 구워 먹을 생각에 빠져 보는 게.

그런 추억으로 어려운 시기였던 그 해 가을과 겨울은 흘러갔다. 펜치의 손잡이 사이에 검지와 중지를 넣어 은행 알이 와싹 깨지지 않게 껍질을 깨는 요령도 터득하였다. 나는 딱딱한 껍질을 벗기고 아내는 구워 내고. 한 해의 겨울을 그리 고소히 보냈다. 그 이후로도 더 몇 해를 서울바닥에서 보내다가 고향에 온지도 오년이 넘어간다. 세지 말자 지나간 세월들. 그냥 많은 가을들이 덧없이 지나갔다.

은행

김용호

양수리 지나
낡은 명퇴名退 어깨에 메고
씩씩하게 은행 털러 가자는
나의 말에 아내는
애써 웃음을 지었다

잿빛 하늘 떨어진 코스모스에

덤덤해 하던 아내는
잡풀 사이 떨어진 알들을
토끼처럼 깡충대며
고삼 아들과 밀린 카드도 잊고
맨손으로 주웠다

나는 껍질을 깨고
아내는 고소히 구워 내고
두물머리 양수리의 배낭을 헤치며
신혼인 마냥 즐거워했다

가끔 아내는
꿈같은 목소리로
당신 이젠 은행 안 털어?

아 가을인가
남도南島의 고향에도 가을은 오고
은행잎 하나
내게로 떨어진다

논산 훈련소

변변찮기는 나도 마찬가지라, 딱히 아들놈을 심하게 나무랄 수도 없는 노릇이다. 부전자전인데, 나무란다고 자식이 좋아지겠나. 이제 전투경찰로 군대 복무중인 아들은 작년 봄에 2학년 1학기를 등록하여 대학교엘 다니다가 중간고사를 앞두고 휴학을 하고 말았다. 그 이유도 시답지 않아 '친구들이 다 군대엘 가고 없어서 혼자 공부하기 싫어졌고, 전공으로 들어가니 힘들다.' 는 거였다. 본인이 싫다는 데야 어쩔 수 없는 일이다.

나도 그랬다. 아들 녀석과 같은 대학에 다녔던 나는 군대엘 빨리 가려고 일단 휴학부터 하고 우선징집, 특기병모집 등에 매달렸었는데, 쉽게 가 질것 같았던 군대가 늦어져서 일 년 가량 허송세월로 놀고 말았다. 그때 부모님께도 미안해서 어느 야산의 암자에서 살았던 기억이 있다.

녀석이 계획도 없이 빈둥거려 컴퓨터학원에라도 다니라 하였는데, 하루에 두어 시간의 학원에 가는 것을 제외하고 빈둥거리기는 매일반이었다. 녀석에게 군대엘 빨리 가라고 종용하여 물어보면, '해군은 끝났고, 공군은 넌 말쯤 있고…,' 하면서 대책 없이 말꼬리를 흐리곤 했다.

사오 개월이 후다닥 지나갔다. 녀석은 밤을 새운 컴퓨터 게임으로 점심때가 되어야 일어나곤 하였다. '이건 아니다. 돌파구 없인 안 된다.' 이런 생각에 내가 인터넷을 뒤지기 시작했다. 병무청에서 찾아보기 시작했다. 있었다. 간단하게 군대에 가는 방법이. 쉬웠다. 육군의 모병일자와 징집부대가 리스트로 일목요연하게 나와 있었다. 간단했다. 인터넷으로 신청만 하면 접수가 되는 것이다.

세상 좋아졌다. 옛날처럼 징집영장을 기다릴 필요가 없었다. 부대도 논산, 춘천, 창원, 경기도, 선택할 수 있었다. 녀석을 가장 빠른 날의 논산에 접수시켰다.

막상 입대일이 다가오니, 집사람과 아들은 긴장하기 시작했다. 나는 군대는 혼자가도 되는 거라고 주장을 하였지만, 아내는 "아니, 요즘은 가족들이 다 따라가곤 한대요."하면서 논산까지의 동행을 강력 주장하였다.

얼마만인가, 논산의 훈련소는. 나도 옛 시절에 마산에서 지금의 아내인 여자 친구의 전송을 받으면서 입대열차를 타고 여기 논산에 와서 신체검사 후에 하사로 차출되어 원주의 하사관학교에 갔었다.

집사람의 이야기가 맞았다. 부모들이 따라오지 않고 혼자서 입대하는 경우는 거의 없어 보였고, 대가족에 여자 친구까지 대동한 경우도 꽤나 눈에 보였다. 그리고 정문 앞에서 헤어질 것이라는 나의 생각은 틀렸다. 연병장에 들어가 장정들이 도열하여 입대식을 치루고, 부대장의 걱정 말라는 인사말을 들은 후에 장정들이 대오를 지어 내무반을 향하여 행진하는 것으로 이별하였다.

비가 내려 훈련소에서 지급한 판초우의를 일제히 입은 까닭에 장정들 속에 섞인 아들놈을 나는 쉽게 잃어버렸는데, 아내는 끝까지 놓치지 않으며 나에게 "저기, 저 대여섯 번째서 가운데에 있잖아요."하면서 눈시울을 붉히며 시선을 놓지 못했다.

이 날 내가 적은 시가 바로 〈논산훈련소〉이다.

논산훈련소

김용호

반평생 지나 아내는
내 손을 잡고
눈물을 훔치고 있다

논산행 입대열차 앞에서
차창으로 내민 손도 차마 잡지 못하고
기적소리에 제 먼저 돌아서서
발 구르며 울던 소녀가

이제 비 내리는
논산훈련소 연병장에서
이미 손을 놓아버린 아들을
우는 눈으로 놓지 않는다

삼년 동안 나를 지켰던
그 슬픈 눈으로
나는 이미 분간할 수 없는
판초우의 가득한 속의
아들놈을
끝까지 놓치지 않는다

아들놈을 군대 보내기 까지는 내가 인터넷을 뒤졌는데, 군대에 보낸 후에는 집사람이 열심이었다. 닷새쯤 지났을까, "여보, 여보, 우리 아들의 사진이 나왔어요."하면서 감격해 눈물을 떨어뜨렸다. 내무반 앞에서 훈련병들이 군복을 입고 단체로 찍은 사진이었다. 아내는 이 사진을 별도 파일로 저장해두고 수시로 보았으며, 인쇄를 하여 부모님들께도 보여 드렸다.

그러고 며칠 후에는 입고 갔었던 옷이 습기에 젖은 채 돌아 왔고, 또 몇 주 지나서 인터넷을 뒤지던 아내는 아들 녀석이 전투경찰로 차출되었다면서 걱정을 하였다. 논산에서 충주의 경찰학교로 옮겨 간다는 거였다. 아내는 인터넷 카페에서 전투경찰의 부모들과 친구들이 올린 글들을 꼼꼼히 읽기 시작했고, 댓글을 붙이기도 하였다.

텔레비전 보도에 데모를 막는 전투경찰의 모습이 나오면 걱정을 태산같이 하면서 "우리 아들을 국방부에 보냈는데, 왜 마음대로 행자부 소속이 되었느냐?"며 분통을 터뜨렸다.

그렇게 군인이 아니 전투경찰이 된 아들 녀석은 거제도와 가까운 섬에 배치되어 건강하게 잘 근무 하고 있다. 이제 일 년이 넘었다. 밑에 후배들도 들어 왔단다. 최근엔 상경으로 진급하고, 집으로 전화하는 횟수도 줄었다. 2주 후에 휴가를 나온다는 전화에 아내는 "뭐 그리 자주 와? 더 있다가 오지."하면서 여유와 농담이 넘친다. 입대 초에 사진만 보고도 눈시울을 붉히던 아내가 어느새 고참의 어머니로 변해 버렸다.

녀석이 휴가를 나오면 또 점심때 쯤 기상할 것이 분명하다. 지난 휴가 때 나는 녀석에게 "할아버지 앨범의 사진과 상장, 기념패들을 스캔하여 컴퓨터에 파일로 만들어라." 숙제를 내어 주었지만, 손도 대지 않고 뒹굴다 귀대하였던 것이다.

그래도 나는 아들 녀석이 좋다. 보고 싶다. 빈둥대는 그 유전자가 좋다. 나도 그러하므로.

장마

우리가 말하는 사계절도 실상은 똑부러지게 넷으로 나누기 힘들 수 있을 것이다. 봄이라 하여도 꽃샘추위로 개나리와 개구쟁이들을 얼어붙게 만드는가 하면, 또 늦봄은 여름 못지않게 덥기도 한다. 여름은 그 중간에 장마라는 것이 있어서 여름을 앞뒤로 나뉘게 만든다. 이십사절기로 입하, 소만, 맹종, 하지를 지나서 대개 시작되는 장마는 그 뚜렷한 일기의 차이로 여름을 확실하게 초여름, 장마, 늦여름으로 나누고 만다.

간혹 봄 가뭄이 유달리 혹독한 경우에는 모내기도 제대로 못한 농부들은 장마라도 기다려 늦 모내기라도 하실 요량으로 장마를 기다리기도 하고, 식수부족 때문에 장마를 기다리기도 하지만, 오락가락하는 비로 불편하고, 높은 습도로 짜증스럽고, '지리한 장마' 라고 앞에 반갑지 못한 수식어를 자주 붙이게 되는 장마를 대부분의 사람들은 그리 즐겁게 맞이하지 않는다.

그러나 생각해 보면, 장마는 또 한편으로 운치가 있을 수도 있다. 나의 어릴 적을 생각해 보면, 장마 때는 대부분의 바깥농사가 쉬게 되고, 어머니들의 길쌈이 시작되곤 하였다. 넓은 마루에 할머니, 큰어머니로 부터 시작하여 마지막엔 막내이셨던 나의 어머니까지 앉아서 모시를 가르고, 삼았던 기억이 난다. 바깥 농사와는 달리 집안에서 하는 작업이라 모처럼 앉아서 가까운 어머니들 끼리 도란도란 예기도 하면서 시름을 잊고 길쌈을 하였으리라.

그때 나는 무었을 하고 있었을까? 어린 탓에 어머니들이 나에게 뭐 모시대를 가져 오라든지 하는 심부름은 시키지 않았던 것으로 생각하는데, 특별히 오락거리도 없었던 그 시절에 나는 무었을 하고 있었을까?

그냥 나는 물끄러미 마당에 떨어지는 낙숫물을 바라보며, 낙숫물로 생겨난 물방울이 물에 떠서 종종종 마당 끝으로 흘러가다가 터져 없어지는 모양을 하염없이 바라만 보고 있었을 것으로 생각된다. 그리고 간혹 처마 끝을 따라 뒷마당으로 가서 두꺼비와 장난을 하거나 청개구리나 비단개구리를 못살게 굴기도 한 것 같다.

이 장마시절의 먹거리 이야기도 빼놓을 수 없으리라. 갓 수확한 감자를 찌거나, 뒷곁에 솥뚜껑을 거꾸로 뒤집어 놓고 불을 때어 보리나 밀을 사카린으로 가미하여 볶아서 먹기도 하였고, 부추에 풋고추를 썰어 넣어 부침개를 만들어 먹기도 하였는데, 그 맛보다도 그 풍경이 더욱더 맛있게 느껴진다.

장마를 좋은 계절로 알려진 가을과 비교해서 그 운치를 느껴 보자. 여름의 폭염을 끝으로 하고 가을의 그 신선하면서도 투명한 햇살이 말리기 위해 널어놓은 고추 무리 위에 봄의 아지랑이보다도 더 가늘게 내려 쪼이면, 나는 나의 가슴과 머릿속에 들어 있는 것들이 하나둘 증발하거나 튀어 달아나, 몸마저 하염없이 어디로 날아가는 듯한 착각에 빠진다. 정도의 차이는 있겠지만, 어디 나만의 이야기이랴? 시골에서 자란 대부분의 남자들은 느껴보았으리라. 가을, 그 신비한 햇살의 충동을.

반면에 장마는 모든 상념과 사색을 내 몸 안으로 안으로 끌고 들어와 차분히 나를 누르고 있다. 아릿한 과거도, 어차피 혼자인 인생의 외로움도 몸속에 하나둘 쌓아 접어 챙긴다. 겸허하게 되고 가을과 또 다른 외로움을 탈 수도 있다. 빗줄기 속에서는 이러한 겸허함이 또 이런 외로움이 인간관계를 더욱 가깝게 만든다.

비가 올 때면 생각나는 술친구와 파전, 막걸리도 그런 생리현상의 연장일 것이며, 그 유명한 단편소설 소나기의 남녀 주인공이 빗속에서 밀착된 그 공간 하나로 그 소설의 모든 것을 대표하는 것도 마찬가지이다. 나는 예전에 자주 느꼈는데, 맑은 날 여럿이 그늘나무 아래에서 유희를 하는 것 보다. 우연히 비를 만나 다리 아래에서, 또는 민박집 처마 밑에서 어울려 노는 것이 친밀감과 동질감이 강해져서 훨씬 재미있고 기억에 오래 간다는 사실이다.

전혀 다른 이미지의 가을과 장마는 실상은 서로 통하는 바도 있고, 또 차이점도 있겠다. 이런 공통점과 차이로 독서의 계절은 장마기간이 가을보다 훨씬 더 어울릴 것이며, 장마는 여름의 중간에서 휴식기간, 재충전의 기간으로 매우 중요할 수 있을 것이다.

사실 나는 며칠 전부터 장마를 기다렸다. 뉴스에서 올해의 장마는 언제쯤 시작될 것이라는 보도를 바라보며 셈을 하곤 했다. 왜 이리 기다렸던 것일까. 올 봄에 나와 어머니가 함께 심은 고구마 때문일까? 그 것도 중요한 이유 중에 하나일 것이다. 그리고 또 하나는 장마를 핑계 삼아 게으름을 피우고 싶은 철부지 같은 계산이 숨어 있었다고 생각한다.

어머니와 함께 고개고개 넘어 유자밭 자락에 사흘에 걸쳐 심은 고구마가 불같은 더위에 말라들지 않을까 노심초사하여 물을 두 번씩이나 주러 새벽길을 떠났던 것이다. 다행이 인근 샘터의 물은 마르지 않아 물을 충분히 주고 돌아 왔지만, 그러고도 며칠을 쨍쨍한 햇빛과 타는 무더위로 어머니는 고구마 순이 타버릴 것이라고 걱정해 왔던 것이다.

일기예보에서는 오늘 오후에 남쪽으로부터 장마가 시작된다고 하였는데. 오늘 새벽 단독주택인 우리 집의 지붕을 때리는 빗소리에 잠을 깨었다. 반가운 빗소리에 눈을 떠는 순간에 늘상 켜는 텔레비전도 켜지 않고 누운 채로 빗소리를 느긋이 감상하였다.

빗방울 소리를 배경으로 비를 맞고 신에 겨워할 고구마가 생각이 났다. 올 가을에 객지에서 생활하고 있는 아들네, 딸네에 택배로 고구마를 일일이 보내고 싶어 하시던 어머니의 고구마가 신나게 자랄 생각에 기분이 흐뭇해지기 시작했다. 사실 고구마 농사는 고구마 순을 꺾어 이랑을 만든 땅에 묻기만 하면 되는 농사로 심은 초기에 고구마의 순이 말라 죽지만 않으면, 농약을 뿌릴 필요도 없이 가을에 수확하게 되는 편한 작물중의 하나이다. 이제 가을에 거둘 일만 남았구나 생각하며 생각의 매듭을 짓고, 오늘은 무얻을 할 것인가로 옮겨지게 되었다.

'무었을 할 것인가 오늘은?' 일단 놀아야 되겠다는 생각으로 마음이 즐거워지기 시작했다. 최근 한 열흘 동안 나는 많이 지쳐있다. 동창회, 장례식 문상, 서울친구의 방문 등으로 생활의 리듬이 깨지면서 심신이 피로에 누적되고 있다. '나의 부동산 가게엔 시작되는 장마로 손님이나 전화도 특별히 없을 터, 전화 와 보았자 주변 친구들의 파전에 막걸리 타령일 것이고…,' '그래 쉬자! 확실히 쉬자. 아니 놀자.'

나는 한적한 곳의 찜질방을 생각해 냈다. 그 곳은 도심에서 떨어진 조용한 산기슭에 작은 초가형태의 황토찜질방이다. 이 장마에 그 찜질방에 들어서면, 예전에 비를 맞으며 산을 올라 도착했던 전남 강진에 있는 다산초당의 낙숫물 분위기가 느껴 질 것 같다. 그 찜질방엔 바다는 보이지 않지만, 커다란 창문 아래로 파랗게 펼쳐진 제법 큰 저수지와 그 왼쪽으로 이어지는 산과 밭, 그리고 그 사잇길을 바라만 보는 것으로도 눈의 피로가 확 풀릴 것이다. 이 장마에 빗줄기 속의 산천은 또 얼마나 푸르를 것이냐?

'그래, 오늘은 평일에다가 그 찜질방에는 남녀가 따로이 초가찜질방 한 채씩을 쓰고 있고, 남자는 나 뿐이리라.' 그 찜질방에서 한 권의 소설책을 놓고 여유작작해 할 나의 즐거운 모습을 상상하면서 또다시 굵어지는 빗줄기 소리를 감상하며 자리에서 일어났다.

마당 앞 화단에는 평소 시들해 눈길조차 끌지 못하던 사루비아 무리들이 새파랗게 하늘을 다투는 모습이 나의 시선을 끌었고, 분꽃, 채송화도 한껏 우쭐대고 있었다. 이 장마가 지루하다고 말하지 말자. 끓는 청춘과 방황을 지나서 모든 사람들이 성숙해 지듯이, 장마 후에는 더욱 자라버린 초목으로 찬란한 가을을 예고하는 멋진 계절의 시기인 것이다.

김영미

거제시 일운면 출생. 부산경성대학교 영어영문학과 졸업. 《수필과 비평》(2010)으로 등단. 거제문인협회, 경남문인협회 회원

E kym6559@korea.kr
H 010.9583.8998

바람의 언덕에 서서

바람이 몹시 불던 날이었다. 바람의 언덕을 찾은 날은. 맵싸한 바람이 온몸을 휘감아 마음속까지 스며들었는지 마음도 몸도 얼어붙던 날, 거제도 남쪽 끝 바람의 언덕에 섰다. 마음이 시려서인지 하늘도, 바다도 남빛의 서늘함을 지녔다.

바람의 언덕은 나무 한그루 없는, 말 그대로 오직 바다에서 불어오는 바람뿐이었다. 무엇이 나를 이 황량한 바다로 이끈 것일까.

어느 날 아는 동생은 불쑥

"언니, 바람의 언덕에 가봤어"라고 물었다.

'바람의 언덕' 이라 처음 듣는 이름이었다. 어리둥절한 채로 있는 날 보더니

시간되면 꼭 한번 가 보라고 했다.

거제도에 나고 자랐으면서도 발길 한번 닿지 않은 곳이 많은 줄은 알았지만 아직도 이름조차 모르는 곳이 있었다니 언젠가는 거제도 곳곳을 걸어서라도 샅샅이 살펴보리라 싶었다.

마음속에서도 걷잡을 수 없을 만큼 바람이 불었다. 부모님이 돌아 가신지도 십여년이 지났지만, 허황하게 불어대는 깊은 바람을 나 자신도 어쩌지 못할 만큼 쓸쓸한 날 이었던 것 같다.

해금강 가는 길목에서 신선대 맞은편의 호젓한 오솔길로 접어들었다. 아직 포장되지 않은 흙길을 자박자박 걸어가니 확 트인 바다와 더불어 바람의 언덕이 나타났다. 바람의 언덕은 드넓은 바다위에 난데없이 튀어나온 언덕의 형상으로 붉은 황토를 제멋대로 드러낸 채였다. 그곳은 풀 한포기 없는, 단지 허허로운 언덕일 뿐이었다. 인적마저 끊어져 바람만 을씨년스럽게 하염없이 불어댔다.

먼 바다를 응시하며, 나와 언덕이 마치 하나가 된 듯 휘몰아치는 바람을 온몸으로 받으며 지나온 날들을 하나하나 떠올렸다. 유난히 시린 하늘과 무작위로 불어대는 바람과 반짝거리는 바다 때문이었을까.

많은 세월이 흘렀음에도 유언 한마디 못하고 떠났던 엄마의 죽음. 기관지 천식이 심했던 엄마는 수없이 숨이 멎었다 쉬었다 하면서 긴 세월을 보냈다. 중학교 시절부터 보았던 익숙한 모습이기에 천식 약만 있으면 늘 그렇게 다시 괜찮아지리라 안심하고 있었는지도 모른다.

부산에서 학교를 다니고 있던 나는 새벽 세 시쯤 부산스럽게 움직이는 오빠의 발소리를 들으며 선잠에서 눈을 떴다. 오빠는 거제에 갈 일이 있으니 준비하라고 넌지시, 아주 낮은 목소리로 말했다. 집에 무슨 일이라면… '엄마가 아프구나' 직감했다. 한 달 전, 할머니의 죽음만 아니었다면 엄마는 지금쯤 부산의 어느 병원에 계셨을테니까.

마음은 급했지만, 그 당시는 거가대교도 없고 마산으로 고성으로 통영으로 굽이진 길을 돌고 돌아 다섯 시간도 더 걸릴 때였다. 부산항에서 출발하여 장승포에 도착하는 쾌속선을 타면 한 시간 남짓 걸리는 거리이니 서둘러 차를 타고 출발할 수도 없었다. 첫 배 시간을 기다릴 수밖에.

어두운 새벽, 넋이라도 나간 듯 침묵 속에서 배에 올랐다. 그 배는 한국의 나폴리라고 부르던 장승포항으로 느릿느릿 나아갔다. 어둡고 거친 파도위로 서서히 번져 나오는 여명을 보면서, 어둡고 거친 파도위에 서서히 번져 나오는 여명을 보면서, 엄마의 무사함을 빌고 빌었다.

그 날에도 엄마는 시원한 공기 속에서 잠시 정신을 차렸다. 그러나 중환자실로 모시려던 의사의 손을 뿌리치며 들어가지 않으려고 버티던 그 모습이 내가 생전에 본 마지막이었다. 그 후 얼마나 많은 섬뜩한 꿈을 꾸며 나는 살아왔던가.

오래 사실 것 같던 아버지마저 "너 결혼을 못시키고 부모의 의무를 다하지 못한 채 떠나서 미안하다"는 마지막 말씀을 유언처럼 남기시고 엄마가 돌아가신 지 삼 년만에 홀연히 떠나셨다. 그때만 해도 나는 "아버지 덕분에 공부도 했고 이만큼 키워 주셨으니 아무 걱정하시지 말라"고 위로삼아 말했지만 그건 내가 세상을 많이 살아보지 않았기 때문이었다.

세상살이는 그만큼 호락한 건 아니었고 부모를 대신해줄 사람이란 어디에도 없다는 것을 그 이후 뼈저리게 느끼며 살아야 했으니까.

바람의 언덕에 서서 왜 그런 부질없는 생각들을 떠올렸을까?

반짝이는 은빛 비늘로 가득한 코발트 바다는 한없이 부드럽고 온화한데 하필 그 시린 겨울날에 온 몸으로 바람을 맞으며 시간 흐르는 줄 모르고 서 있었던 그때의 심정은-.

아마도, 풀 한포기 없던 바다 끝에서, 쭈뼛 튀어나온 언덕위의 황량함 때문이었으리라. 그랬었다. 그 망연한 바다의 끄트머리에 서서 스산한 바람을 한껏 마시면서 '어차피 세상은 이처럼 세찬 것이니 피하지 말고 부딪히면서 힘차게 살아보자' 이런 마음을 딴에는 가졌던 것 같기도 하다.

그때의 고립되고 쓸쓸했던 바람의 언덕은 이제 더 이상 저 혼자 외롭지 않다. 맞은 편 신선대에는 우제봉 가는 산책길도 꾸며졌고, 황량하던 바람의 언덕에는 커다란 풍차가 세워졌다. 오솔길과 부드러운 잔디밭 주변에는 꽃도 풍성하게 피어난다. 더불어 많은 사

람들이 가족과 연인들을 동행하여 그 곳을 거닐어 더 이상 황량하지만은 않다. 마치 내 삶의 빈자리에 새로운 사람들이 생겨나고, 활기 넘치는 일들에 도전해 봄으로써 더 이상 바람이 불지 않듯이 말이다. 아니 바람이 완전히 그친 것은 아니다.

바람이란 잔잔해졌다가 언제 또 불어 닥칠지도 모르는 일이다. 그렇지만 바람의 언덕이 사람들의 발자취로 넘쳐나 더 이상 쓸쓸하지 않듯이 나의 마음 속 바람이 또 휘몰아친다고 해도 나의 소중한 사람들로 인해 잠잠해지리라.

마음속 바람이 불거든, 바람의 언덕에 언제든지 나가보라. 세상은 이처럼 늘 바람이 불고, 우리는 흔들리지만 꿋꿋하게 그것을 받아들이며 맞서 이겨낼 수 있으리라.

외딴 섬의 변신

—거제 외도를 보고

바다는 점점이 박혀 있는 섬들로 인해 운치를 더한다. 은빛 바다위에 떠 있는 섬들은 저마다의 색깔과 이야기를 간직하고 있는 듯이 고고하면서도 외로워, 보는 이들로 하여금 상념에 젖어 들게 하는 마력이 있다.

공곶이를 바다건너 정원으로 두고 있는 내도는 꾸미지 않고 순박하여 '자연을 품은 섬' 이라 부른다. 동백섬 지심도에는 핏빛 뚝뚝 떨구는 붉은 동백꽃이 매서운 겨울 바닷바람을 맞으며 피어나, 봄이 멀지 않았음을 알려준다. 그에 뒤질세라 외도는 잘 다듬어진 정원으로서의 품위를 더한다. 이 섬들은 같은 듯 다른 매력으로 수많은 관광객을 불러들인다.

그러나 오래전 내 기억 속의 섬들은 고요하고 한가로웠다. 특히,

거제도의 여름은 해수욕장마다 사람들이 넘쳐났다. 학동해변은 짙푸른 바다를 닮은 청빛 몽돌로 유명하다. 몽돌 사이로 터져 나오는 파도소리는 또르르 또르르 아이들 웃음소리마냥 경쾌하고 해맑게 들린다. 그에 비해 구조라나 와현은 모래사장이라 그 소리가 사뭇 다르다.

외도는 다른 섬들보다 멀고 풍랑이 드세 그 섬을 찾는 발길이 드물었다. 그래서인지 그 곳은 몇 가구 살지 않는 거의 무인도나 다름없었다.

거제도의 여름은 해수욕장마다 사람들이 넘쳐났다. 학동해변은 짙푸른 바다를 닮은 청빛 몽돌로 유명하다. 몽돌 사이로 터져 나오는 파도소리는 또르르 또르르 아이들 웃음소리마냥 경쾌하고 해맑게 들린다. 그에 비해 구조라나 와현은 모래사장이라 그 소리가 사뭇 다르다.

거제도 곳곳의 바다 접한 지역은 어디든 해수욕이 가능하지만, 예전에도 젊은 사람들은 자신의 키 보다 더 높은 배낭을 짊어지고 구조라나 학동, 와현 해수욕장등으로 무리를 지어 엄청나게 몰려들었다. 그 많은 관광객들을 실어 나르기 위해 여름 한철에는 버스 운행 횟수를 늘였음에도 불구하고 그 수는 턱없이 부족했다.

버스마다 사람들을 빽빽하게 안으로 밀어 넣어 마치 시루에 든 콩나물처럼 태우고 다녔다. 그 복잡함에 익숙하지 않은 나는 버스를 탈 엄두는 내지 못 한 채 좁고 구불거리는 산길을 몇 시간씩 걸어 다니는 것을 당연하게 여기며 자랐다. 친구들과 어울려 굽이진 고갯길을 사부작 걸으며, 지나치게 많이 오는 여름 피서객들을 향해 불평불만을 쏟아내기도 했다.

외지인들이 해수욕장이라 불러지는 곳으로만 속속 몰려들 때, 한적하고 여유로운 내도나 지심도 등으로 가족끼리 친구끼리 배를 타고 여름휴가를 떠났다. 외따로 떨어져 있는 섬은 우리에게 휴식의 공간이었고 어떤 경계도 없이 다함께 공유했다.

그 시절, 거제도의 인구가 이십오만여 명을 훌쩍 넘어서고, 외도 또한 이처럼 변하리라고는 감히 상상이나 했을까.

거제도가 고향인 내 아버지의 유일한 취미는 낚시였다. 어디든 낚시터이니 누구나 하는 놀이였기도 했다. 이른 새벽, 여명이 밝아오기도 전에 집을 떠나 저녁 무렵이나 되어야 돌아오곤 했다. 걸어서 가기도 하고, 배를 타고 갈 때도 있었다. 대나무로 만든 긴 장대와 무거운 끌개를 메고, 그물 망태까지 등에 지고 골목길을 나서는 아버지의 뒷모습은 어린 내 눈에 아련하면서도 참 멋져 보였다.

낚시를 무슨 재미로 하냐고 물으면, 외딴 섬에 홀로 앉아 철썩이는 파도 소리를 듣다보면 시간 가는 줄 모른다고 하셨다. 바람 한 점 없는 고요한 날에는 자신의 숨소리조차 들릴 정도로 적막감이 흘러 오롯이 혼자만의 세계에 빠져들기도 한다는 것이다. 때로는둥실둥실 떠다니는 배 위에서 하루 종일 낚시를 할 때도 있다고 했다.

그런 얘기를 들을 때마다 나는, 하얀 포말을 일으키며 들썩대는 파도 소리 따라 조그만 섬 위에서 낚시를 하고, 은빛 물결 일렁이는 망망한 바다 한 가운데에서 부표처럼 유연하게 흔들리기도 했으며, 떼 지어 날아다니는 하얀 갈매기들과 더불어 새파란 창공을 훨훨 휘젓고 다니는 상상을 하곤 했다. 그런 날에는 어김없이 내일은 꼭 나를 데리고 가라며 떼쓰듯이 말하고는 잠이 들었다.

아버지가 걸어서 낚시를 가는 곳은 주로 서이말등대였고 배를 타고 갈 때는 소매물도나 대 · 소병대도 그리고 외도 주변이었다. 그러던 아버지가 어느 해질 무렵 지나가는듯한 말투로 "앞으로는 외도에서 낚시를 할 수 없게 되었다"며 아쉬운 목소리로 말했다. 아버지 말씀으로는 그 섬을 서울 사람이 샀는데 누구든 섬에 발을 들여 놓지 못하게 한다는 것이다.

섬이란 바다와 같아서 늘 함께 공유하는 것이라 여기며 살아오던 나에게, 그 얘기는 서울사람이란 말과 함께 묘한 여운을 남겼다.

낚시가 안 되는 날이면 아버지는 어김없이 지금쯤 외도에 가면 고기가 많을텐데라며 외도 주변의 낚시터에 대한 그리움을 토해냈다. 태풍이 심하게 몰아쳤던 그 해에는 외도에 바람이 많이 불어 서울사람이 고생한 것이 다 날라 갔다고 한다며 염려 섞인 표정으로 말을 전하기도 했다.

그러나 외도에 무슨 일이 일어나는지 전혀 알 길이 없었다. 여전히 외도는 굳게 닫힌 성벽처럼 일체 외부에 그 모습을 드러내어 보여주지 않았고, 그 섬에 들어설 수조차 없었으므로 배를 타고 그 섬의 해안 풍광만을 돌아볼 뿐이었다. 아쉬웠다.

아버지는 비교적 바람이 없는 내도에 비해 망망대해에 있는 외도가 풍랑은 세지만 전망은 아주 좋다고도 했다.

그런 세월이 몇 십년이 흘렀다. 어느 날, 느닷없이 외도가 마치

숲속의 잠자는 공주였기라도 한 듯이 긴 잠에서 깨어나 그 섬을 공개한단다. 관광지화 되기 전에 지역 주민들을 먼저 맞이한다는 것이다. 도대체 무수한 세월동안 그 섬에서는 무슨 일이 일어났던 것일까.

바닷길을 유영하듯 나아가는 유람선상에서 맞이하는 바람은 시원해서 가슴이 탁 트이는 듯했다. 외도에 들어가기 전 해금강 십자동굴 속으로 배는 미끄러지듯 유연하게 자리를 잡았다. 우뚝 솟은 가파른 바위섬에는 소나무가 자라나고, 동굴 속에서는 찬바람이 불어왔다. 매번 볼 때마다 환성과 감탄이 저절로 나왔다.

해금강을 지나 드디어 외도에 도착했다. 외도가 어떻게 변했을지 궁금증과 설레임이 더하였다.

외도에 첫 발을 내딛고 들여다 본 그 곳은 푸르른 초원이었다. 넓은 정원에 피어난 다양한 꽃들과 키 큰 아열대 나무들이 우후죽순처럼 아름드리 자라난, 하나의 거대한 숲속의 궁전으로 변화된 것이다.

사람마저 살기 어려웠던 이 척박한 땅에 이백여 종이 넘는 다양한 식물들이 각양각색으로 자라나고, 3월부터 늦가을 11월까지 계절별로 울긋불긋한 꽃들이 피고 지는 아름다운 장관은 감히 상상도 못했던 신비로운 비경을 연출하고 있었다.

서울사람이 기울인 노력과 결실을 눈으로 확인한 순간, 지나간 세월동안 섭섭했던 일들이 한 순간에 물러났다. 물론 외도가 우리 모두의 소유는 아니다. 하지만 그 외딴 섬의 변신은 어느 누구도 흉내조차 낼 수 없었던 집념과 신념의 창조물로 새롭게 태어나 더없이 아름답고 고귀한 빛을 발하고 있었다.

한 사람의 꿈이 이처럼 집요하게 이루어지고 그 결실이 푸른 바다위에 초록의 푸르름으로 풍요롭게 펼쳐지다니 믿기 어려웠다. 배 위에서 바라보는 외도는 넘실대는 바다위에 떠 있는 한 조각의 섬일 뿐이다. 그러나 초록 속에 잠긴 외도 정원에서 바라보는 바다는 에메랄드빛을 발하는 미지의 세계가 펼쳐지는 듯하다. 섬의 변신은 한계를 극복한 인간의 승리였다.

휘몰아치는 바람과 풍랑을 이겨내고 가꾸어진 작은 섬 외도, 그것은 나에게 꿈을 꾸면 이룰 수 있다는 것을 선명하게 보여주었다. 그래서일까. 바다와 나무와 꽃과 하늘이 자연스럽게 어우러진 풍광을 보러 많은 사람들은 지금도 몰려들고 있다.

때론, 배를 타는 불편함은 있지만 드넓은 바다위에 떠 있어 더 아름답지 않을까. 천상에서 뚝 떨어져 나온 것 같은 새파란 바다위에 펼쳐진 하늘 정원이야말로 지상 낙원이 아닐까싶다.

국화꽃 단상

가을의 정취를 가장 먼저 알리는 꽃이 국화라는 생각이 든다. 초여름에서 늦가을까지 개망초, 쑥부쟁이, 구절초 등 다양한 이름을 지닌 국화는 우리나라 산야 어디서나 볼 수 있는 평범하면서도 수수하고 오래가는 꽃이다. 국화 송이를 찬찬히 들여다 보니 환한 어머니 얼굴이 떠오른다.

들녘이 무르익어 갈 즈음 학교와 접해있는 우리 논의 공터에는 키 큰 코스모스와 들국화가 무더기로 피어 넘쳐났다. 쌀쌀한 바람이 스치는 촉감이 상큼하여 이른 새벽 한적한 들판을 혼자 거니는 것을 좋아했던 나는 학교 운동장 옆, 논배미 옆에서 한들한들 나부끼는 코스모스와 작지만 다부지게 피어있는 들국화를 한 아름 꺾어 집으로 가져오곤 했다.

그 당시 우리 또래 아이들이 주로 많이 하던 나무하기나 조개파기 심지어 갯고랑에 나가 빨래하는 것조차 못하게 했던 엄마는 이른 새벽부터 집을 나서서 누런 들판을 산들산들 거닐며 꺾어온 국화는 싫은 내색 없이 성큼 받아 조그마한 항아리에 왕창 꽂아 두었다. 생명력이 질긴 것인지 거친 광야에서 마음껏 자라나는 꽃이라서인지 그것은 또 오래도록 피어 향기를 내뿜었다.

가을 추수가 끝나갈 즈음에는 들녘에 피어나는 국화뿐만 아니라 우리 집의 장독대를 둘러싼 화단에서도 국화는 절정을 이루었다. 천리향과 꽃 동백, 석류, 모과와 더불어 국화 뿌리는 너무 촘촘하여 화단 정리를 필요로 했다. 우리는 일요일 하루를 할애하여 온 식구들이 모여서 화단의 나무와 꽃들을 옮겨 심으면서 나름의 화단 배치와 적정한 거리등에 대해 앞 다투어 저마다의 의견을 내세우고 조율했다. 그러면서 촘촘한 국화는 약간의 간격을 두며 새로 심기를 하면서 흥에 겨워했다. 아마도 대가족이라 가능했던 일이었는지도 모르겠다. 어쩌면 어머니는 이런 일들을 하면서 사람과의 관계에도 적정한 거리가 필요한 것임을 가르쳐주고 싶었는지도. 다정도 지나치면 병이 되고 무심도 때로는 약이 된다는 것을 꽃의 거리두기에서 알게 되기를 바라지는 않았을까.

농사일로 바빴던 엄마에게도 일곱 명의 자식들과 꽃밭을 가꾸는 일은 여유롭고 들뜬 날이었을 것이다. 지금도 가을이면 국화 화분을 사 들이는 나의 취미는 이때부터 생겨난 것인지도 모르겠다. 왠지 소담하게 피어있는 국화꽃을 보고 있으면 넓은 마당과 귀퉁이마다 자리하고 있던 병아리와 토끼, 꼬리를 흔들며 꽁무니 졸졸 따라다니던 강아지, 그리고 수시로 들락날락거리던 이웃 친지들과 할머니와 엄마의 친구들, 지나가던 장사치들까지 연신 우글우글 주변을 둘러싸고 있다는 느낌이 드는 것이다. 마치 국화송이가 따닥따닥 붙어 제 향기를 훌훌 날리고, 천리향의 은은함이 온 동네를 후벼 다니듯이 내 유년의 날개 짓도 가을 하늘 곳곳을 기웃거리며 돌아다니고 있는 듯하다.

거제면의 한적한 시골길에 들어서자 은은한 국화향이 온 몸을 휘감았다. 아무 곳에나 제멋대로 피어나던 들국화가 '섬 꽃' 축제라는 이름으로 국화꽃 만발한 거리가 생겨났다. 그곳에는 탐스러운 대국과 소담한 소국, 그리고 국화로 장식된 다양한 모습의 형상들이 가득했다. 특히 소국 분재는 오랜 시간 정성들인 흔적이 역력했다. 봄에는 진달래, 가을에는 국화란 이미지가 나에게만 있는 것은 아니었던 모양이다. 국화꽃을 보기 위해 모여든 사람들을 보면.

국화꽃 한 다발을 들고 엄마의 묘소를 찾는다. 수수하면서도 함께 있어야 더욱 가치를 발하는, 있는 듯 없는 듯 하면서도 결코 뒤쳐지지 않는 국화를 챙겨서 가을이 왔음을 엄마에게 알리고 싶은 것인지도 모르겠다.

부엌 앞에 차지하고 있던 장독대와 화단, 그리고 향긋한 천리향과 타작후의 국화 다듬기는 나의 유년 시절의 기억들을 풍요롭게 하고 엄마와의 추억을 더욱 정감있게 만들어 주고 있다. 오늘도 산야의 단풍으로 가을은 깊어가고, 국화 향기 따라 내 마음은 초가집 옛 마당으로 슬금슬금 젖어든다.

단풍을 보며

만산홍엽의 계절이다.

단풍을 좀 더 가까운 곳에서 보고 싶어 모처럼 숲을 찾았다. 나뭇잎들은 노란, 빨간 누르스름하면서도 갈색으로 온통 물이 들었다.

나무는 잎을 스스로 떨어뜨려 버림으로써 모진 겨울을 이겨내고, 나이테는 하나 더 늘어날 것이며 둥치 또한 튼튼해 질 것이다.

나뭇잎 하나하나를 음미하듯 살펴보았다. 발치에 나뒹구는 낙엽도 제각각의 빛깔이지만 달려있는 잎들도 제각각이다. 곱게 물든 것이 있는가 하면 거무스레하게 벌레 먹은 잎들도 있다. 멀리서 보았을 때는 모든 잎들이 곱고 예뻤는데 자세히 살펴보니 그게 아니다.

같은 토양에 같은 장소에서 자라고는 있지만 잎들은 저만의 색깔이다. 한 나무에서 자란 나뭇잎도 고운 것과 상처 받은 것, 아직 물들지 않은 것과 물들어 벌써 낙엽이 되어 나뒹굴고 있는 것 또한 다양했다. 단순히 멀리서 보이는 것만 보고 '아름다울 것이다' 라고 생각한 것은 나의 착각이었던 것이다.

문득 낙엽을 밟으며 지나다니는 사람들 또한 저처럼 다양할 것이며 인간관계도 그렇지 않을까 하는 생각이 들었다. 멀리서 바라볼 때는 성격이 좋아보이던 사람도 가까이에서 부딪히다보면 아닌 경우를 더러 본다. 마음에 들지 않던 사람도 자주 만나다보면 좋아지는 경우도 있다. 소문만 믿고 그 사람을 평가하지는 않았는지, 사귀어 보지도 않고 판단한 경우는 없었을까.

인상이나 외형적인 요소를 가지고 나름대로의 잣대를 갖다 댄 일도 있을 것이고, 소문에 의해 판단한 일도 있을 것이다. 내 선입견으로 인해 내게 상처받은 사람들도 있을 것이다. 나 또한 상처받은 일이 더러 있었다. 어차피 인생은 고난의 연속이라 하지 않았던가. 터무니없는 소문 따위에 흔들리지 않으려고 무진 노력했었다.

나뿐만 아니라 많은 사람들도 추측만으로 사실인 것처럼 내 뱉은 소문에 의해 상처 받는 일이 있었을 것이다. 한번이라도 소문 때문에 가슴앓이 해 본 사람이라면 함부로 말하지는 못할 텐데 말이다.

근래 들어 소문이 얼마나 무서운 것인지, 사람의 목숨마저도 앗아 갈 수 있음을 뉴스를 통해 보았다. 연예인이나 특권층의 사람들이 스스로 목숨을 끊는 것을 보며 나의 좁은 생각으로는 왜 자살을 했는지 이해가 되지 않았다. 그들은 많은 사람들에게 사랑을 받고 그 분야에서는 성공한 사람처럼 보였기 때문이다. 단풍처럼 멀리 떨어져서 보면 곱고 아름답지만 실상은 상처받고 그것을 이겨내기 위해서 처절한 몸부림을 쳤다는 것을 이해하지 못했던 것이다.

우주는 내 자신을 중심으로 돌고 있으며, 내가 선 자리가 중심이라는 마음을 잊지 말아야겠다. 그런 마음을 갖기 위해서는 얼마만큼의 성찰이 필요할 것인가. 한 순간도 멈춤 없이 돌아가는 광활한 공간에서 스스로가 중심의 핵이라고 인식하기 위해서 얼마나 많은 수양을 필요로 할 것인지는 알 수 없다.

하지만 나에게 주어진 시간을 함부로 내버리지 말고 최대한 열정을 가지고 최선의 삶을 다해야 겠다. 곱게 물든 단풍나무처럼 멋진 인생이 되기 위하여

진달래가 음지로 가는 이유

거제도 남쪽 북병산 기슭은 온통 돌산이다. 햇빛마저 잘 들지 않는 그곳에서 연분홍 진달래는 화사한 색으로 피어난다. 산 바로 아래에는 그리 넓지도 깊지도 않은 시냇물이 흐른다. 왜 하필이면 이처럼 척박한 땅에서 진달래가 흐드러지게 피어 있는지 사뭇 궁금하다.

어린 시절엔 구불구불한 도로를 지나면 산등성이마다 온통 진달래 밭이었다. 도회지로 나갈 때 마다, 나는 노곤한 차창 가에 앉아 산들거리는 연분홍 물결에 들뜬 가슴을 쓸어내리고는 수줍게 붉어지는 뺨을 어루만지곤 했다. 요즘은 그런 풍광을 보기가 어렵다. 특별히 진달래를 찾아 산을 올라야만 만날 수 있으니 아쉬움 또한 이만저만이 아니다.

진달래는 저토록 척박한 땅만을 좋아하는 것일까. 봄의 문턱에서 누구보다도 먼저 달려와 봄소식을 알려주고 어른아이 할 것 없이 들뜨게 만들던 꽃이다.

진달래를 두고 애절한 눈물을 가슴으로 삭이며 가시는 님의 발길에 뿌려주겠다고 한 유명 시인의 시 구절을 생각해보아도 그건 진달래의 성향이 아니지 싶다.

돌이켜 생각해보면 양지바른 곳에서도 진달래가 피었던 것 같기도 하다. 햇볕이 잘 드는 산 정상에서도 피었고, 산 아래에서도 작은 키를 애써 높이지 않고 저희들끼리 오손도손 모여서 숲을 이루었다. 분명 진달래는 따뜻함을 좋아할 것이라고 나는 생각한다.

그렇다면 왜 대부분의 진달래가 외진 곳에 피어있는 것일까. 기름진 토양에서는 모든 나무가 건강하게 잘 자랄 수 있으므로 진달래는 양분의 자리는 내어주고 다소 수분이 부족하고 거친 토양에 자신의 보금자리를 만든 건 아닌지. 다른 나무들이 쉬이 자라지 못하는 미 개척된 땅에서 여유롭게 지내는 것인지도 모르겠다.

가지를 꺾어주면 더 많은 꽃들을 피워낸다니 조그만 것이라도 나누는 삶을 살고자 했던 우리 민족의 심성까지 닮았다는 생각이 든다.

더구나 소나무는 그 기개가 높아 자기 주변에는 다른 나무가 자라는 것을 싫어한다는데 진달래에게만은 그 자리를 양보한다니 그

둘 사이가 또한 예사롭지 않다.

그런 진달래들이 왜 자리를 음지로 옮겨가고 그 수는 날이 갈수록 줄어드는 것일까.

숲마저 적자생존의 경쟁으로 힘겨루기에 여념이 없는 것은 아닐까.

용재가 아니면 더 이상 숲에 있을 이유도 없고, 될성부른 나무는 떡잎부터 알아본다는 속담이 전적으로 옳다고 믿는 자들로 인해 내쳐지는 것은 아닌가 싶다.

진달래는 용재가 아니다. 더구나 키가 큰 재목도 아니다. 그러나 봄바람에 나부끼는 연분홍 물결은 선남선녀의 가슴을 설레게 하고, 연한 꽃잎은 화전의 재료가 된다. 이른 봄 어린이의 호기심을 자극하는 간식거리가 되기도 하고 귀한 손님상의 반주로 애용되기도 하여 그 쓰임새가 다양하다.

군불 때던 그 시절엔 아궁이마다 나무가 필요했다. 그래서 키 큰 소나무 곁가지와 활엽수의 잔가지들을 제대로 쳐 내다 보니 어디서나 햇볕이 잘 들뿐 아니라 주변에 나무가 많지 않아 진달래는 낮고 가는 몸으로도 충분히 자기의 존재 가치를 인식했다. 치열한 경쟁의 틈새에서 안간힘을 쓸 필요도 없었고, 다른 나무들에게 귀찮은 존재로 여겨질 이유도 없었다.

어쩌면 진달래는 밀려난 것이 아니라 자기들만의 작은 종족의 무리를 지어 소담하고 한적하게 지내고 싶은 것인지도 모르겠다.

서로를 가장 잘 이해하고 공감하는 무리들과 안락하고 평화로운 삶을 즐기고 있는지도.

다시 북병산 기슭을 바라본다. 오늘따라 저 화려한 진달래가 예사롭지 않게 내 마음을 붙잡는다. 나도 저 진달래처럼 소담하고 어여쁘게 살고 싶다.

진달래가 산등성이 어디서나 피어나고 그런 진달래를 닮은 사람들이 내 주변에 넘쳐났으면 한다.

동백꽃다발

해안변을 따라 걷는다. 청록 물빛은 은햇살을 받아 반짝거린다. 물고기 비늘이 따스한 햇볕에 응답이라도 하는 듯 제 몸을 반짝거리는 것이라 상상한다. 그 길가 양 옆으로 동백가로수가 진초록 잎들을 팔랑거리며 빛난다. 건강한 모습이다. 주렁주렁 매달린 꽃망울들과 활짝 피어 새빨간 빛을 발하는 꽃들이 뒤엉키어 나뭇가지마다 아우성이다.

동백꽃은 시월에서 삼월까지 해안가 주변에 피어나며 우리집 근치엔 동백나무가 지천으로 있었다. 늘 동백나무를 가까이 두고 보아서인지, 아니면 추위가 싫어 눈여겨 볼 겨를이 없어서인지 그 꽃은 나에게 별다른 감흥을 주지 못했다.

동네 어귀마다 자라던 동백나무에 맺힌 꽃망울만큼이나 올망졸

망한 우리 형제들은 개성이 뚜렷해서 꽤나 많은 사연을 만들며 자라났다.

시끌벅적한 형제들 사이에서 여섯째인 내가 초등학교에 다닐 즈음 언니와 오빠는 학업을 이유로 이미 객지에 나가 있었다. 그런 연유로 어머니는 집을 비우시곤 하셨다. 내가 중학생이 되고 첫 등교하는 날에도, 졸업하던 해에도 어머니는 집에 계시지 않으셨다.

중학교 입학식 전날, 교복을 찾을 돈이 없어 어머니를 애타게 기다리던 중 전화가 왔다. 엄마가 오면 드리겠다고 말씀드리고 교복을 찾으란다. 그때 중3이던 언니는 내내 잉크 빛 도는 새하얀 교복에 눈독을 들이고 있었고 나는 언니에게 "언니가 그 교복 외상으로 찾아오면 첫날 학교에 입고 가는 거 허락한다"고 마치 큰 인심 쓰듯이 말했다. 언니도 외상이란 말은 나만큼이나 하고 싶지 않았든지 해가 서산으로 뉘엿뉘엿 저물어 가는데도 교복을 찾아 올 기미가 없었다. 까만 밤, 머뭇거리며 교복을 찾으러 갔고 양장점 아주머니는 흔쾌히 그것을 내주셨다.

그러나 입학식 날 아침 나는 경악하고 말았다. 깔끔하게 손질되어 있던 나의 단정한 교복이 자취를 감춘 것이다. 마음은 두근거리고 혹시 이 일로 학교를 못 가게 되면 어쩌나 싶어 갈팡질팡하는데 문득 언니도 안 보인다. 아니. 아침도 안 먹었는데 어디 갔지? 그럼 혹시 내 교복은? 역시 그랬다. 언니는 하얀 교복을 입고 싶은 마음에 아침도 거른 채 이른 새벽에 학교에 가버린 것이다. 그러고 보니 누리끼리하게 변한 낡은 교복 한 벌이 떡하니 걸려있다. 어쩔 수 없이 나는 그 교복을 입고 학교를 갔고, 언니의 반을 찾아가 다시 갈아입었던 기억이 있다.

그 후유증은 졸업식 날에도 있었으니, 그때는 어머니가 건강이 좋지 않아 병원에 다니러 갔을 때다. 분명 어머니는 언니에게 꽃다발을 사 가라고 하셨을텐데 졸업식장에 나타난 언니의 손에는 동백꽃과 다른 나무가지들로 손수 만든 꽃다발이 들려 있었다. 다른 친구들은 붉은 장미와 안개꽃으로 만들어진 전문가의 손길이 느껴지는 부드러운 꽃다발인 반면 언니의 손에 들려 있던 거친 동백나무 가지와 동백꽃의 모습은 차마 꽃다발이라기보다 그냥 집에서 키우는 나무들을 여기저기 섞어 놓은 것 같은 모양이었다. 딴에는 신경을 쓴 듯 하였으나 그 모양이 어찌나 촌스럽고 별나 보이든지 나는 사진이고 뭐고 다 필요 없이 어서 자리를 뜨고만 싶었다. 그 심정을 아는지 모르는지 언니는 자꾸 나의 손을 끌며 졸업 사진은 찍어야 한단다.

지금 돌이켜보면 일회성인 꽃다발을 사기엔 좀 아깝단 생각을 하던 차에 동네어귀 어디서나 피어있는 동백꽃을 보며 좋아했을 언니의 기막힌 재치. 그 재치에 박수를 보내고 싶지만 그때는 왠지 전혀 그러고 싶지 않았다. 왜 붉은 동백꽃과 진초록의 빛나던 동백잎들이 그때에는 장미보다 못하게 생각되고 촌스럽다고 느껴졌는지 그리고 언니의 세심하고 기발한 마음을 다 헤아리지 못했는지…

다시금 손수 만든 동백 꽃다발을 받는다면 난 이렇게 말해주고 싶다. 와~~ 세상에 하나밖에 없는 꽃다발, 참 순박해서 예쁘다고. 그렇게 해서 나의 사연 많은 중학시절은 막을 내리고 차가운 바람이 귓볼을 스치는 겨울날, 동백꽃을 볼 때마다 난 동백꽃다발을 떠올리며 촌스러움에 대해서 생각해본다. 정말 촌스러웠던 건 장미꽃과 동백꽃에 차별을 두었던 바로 나 자신이었음을.

신지 않은 신발

눈에 보이는 것이 다는 아니다, 라는 말이 요즘 들어 절실하게 와 닿는다. 분명 모든 면에서 살기가 편해졌다고들 하는데 오히려 지인들은 삶이 팍팍해졌다고 한다. 물질적으로 풍요로워졌다고 하면서도 한 푼을 아끼기 위해 노심초사하는 우리들의 모습은 단지 나이 탓일까.

예전 같으면 생각도 못했을 일이지만, 근래 들어 직원들끼리 서로 옷을 교환해 입기도 하고, 자신에게 소용없는 물건은 게시판 등을 통해 주기나 얼마간의 돈을 받기도 한다. 오래되어 싫증나고 맞지 않다며 가져오는 옷이, 몸에 맞고 색상도 마음에 들면 새 옷으로 느껴져 한동안은 애지중지하며 입는다.

십여 년 전 어디선가 가져온 옷을 나에게 입혀주고는 예쁘다고 하시던 얼굴이 떠오른다. 그 때만해도 비록 새 것이라 해도 남의 옷을 입어야 한다는 사실에 거부감이 있었는지 아무도 몰래 눈물을 훔쳤던 기억이 있다. 괜히 풍요롭지 못한 현실 때문에 시무룩해졌었나 보다. 그런데 요즘은 책장도 멀쩡하면 가져오고, 옷도 챙겨주면 가져와서 입기도 하니 스스로 마음이 넉넉해졌다며 대견해한다.

얼마 전 십 년쯤 되었지만 한번밖에 신지 않은 신발이 있다고 했다. 언니는 그 신발이 정장차림에 어울린다며 발에 맞으면 가져가서 신으란다. 한눈에도 참해 보여 선뜻 가져왔다.

그 신발을 신고 출근한 첫날, 문제가 생겼다. 겉으로는 아무 흠집도 없이 말쑥했는데, 신고 다니자 신발 안쪽 바닥이 일어나기 시작했다. 떨어져나간 자리가 민망해 수선 집으로 달려가 안쪽 밑창을 갈았다. '이젠 괜찮겠지' 하며 그 다음 날 다시 그 신발을 신었더니 이번에는 바깥 바닥창이 들고 일어나는 게 아닌가. 약속 때문에 수선 집에 갈 시간이 없어 순간접착제를 사용했다. 그러나 신발은 붙지 않았고, 오히려 너덜너덜해졌다.

덜렁해진 신발로 그 날 하루를 보내고, 수선을 부탁했더니 이제는 고칠 수가 없다고 했다. 신발을 붙이는 접착제는 따로 있어 강력본드를 사용한 가죽은 더 이상 붙지 않는다는 것이다.

아직도 그 신발은 신장에 보관되어 있다. 외형도 예쁘고 바깥 창 외에는 멀쩡한 상태라 마음이 허용되지 않아서이다. 십여 년의 세월이 흐르는 동안 겉으로는 아무 문제없는 듯이 버티고 있었지만, 재질은 이미 낡았나 보다. 눈에 보이는 것이 다가 아니란 말이 이 신발에도 적용되는 것일까. 오래된 것이라도 계속 입고, 쓰고, 신고 다니는 것은 낡기는 해도 그리 쉽게 떨어지지는 않는데, 오히려 고이 간직하여 한순간에 삭아 버린 것이리라.

어디 물건뿐일까. 사람의 감정도 문제가 생길 때마다 해결의 실마리를 마련한다면 응어리진 마음들이 차곡차곡 쌓이지는 않을 것이다. 속마음을 숨긴 채 십년, 이십여 년을 보내다보면 고인 웅덩이의 물처럼 썩고 문드러져 더 이상 되돌리기가 힘들어지는 건 아닐까.

어머니가 돌아가신 지 삼십 년이 흘렀다. 그럼에도 나는 여전히 가슴이 아리다. 어머니에게 하고 싶은 말을 다 하지 못하고 삼킨 탓인가. 그때의 참담했던 심정을 속 시원히 털어 놓지 않음으로 그날의 힘겨웠던 감정을 고스란히 갖고 있다. 누군가에게 하소연만 했어도 긴 터널을 걸어온 것 같은 암담함은 없었을 것이라는 생각이 신발을 보면서 드는 것이다. 아직도 풀지 못한 마음속의 갈등을 어찌할까. 신지 않고 아끼다가 삭아버린 그 신발 속에 같이 묻어야겠다.

012 길, 거제도로 가다

서한숙 김현길 김정순 김용호 김영미 지음

펴낸날 | 2013년 12월 20일

지은이 | 서한숙, 김현길, 김정순, 김용호, 김영미
사진제공 | 옥동규
펴낸이 | 오하룡

펴낸곳 | 도서출판 경남
주　소 | 창원시 마산합포구 몽고정길 2-1
연락처 | (055)245-8818~9/223-4343(f)
홈페이지 | www.gnbook.com
전자메일 | gnbook@empas.com
출판등록 | 제567-1호(1985. 5. 6.)
편 집 팀 | 오태민 심경애 구도희

*잘못된 책은 바꿔 드립니다.
*저자와 협의 인지 생략합니다.
*이 책의 거제시문화예술진흥기금에서 발간비를 지원받았습니다.

ISBN 978-89-7675-882-8-03810
〔값 10,000원〕